STERNSTUNDEN DES SPORTS

STERNSTUNDEN DES SPORTS

Fairplay

Tom Bender und Ulrich Kühne-Hellmessen (Hrsg.)

Gastautor: Martin Schmitt

Mit Beiträgen von Tina Schlosser, Andreas Hoffmann,
Kim Thomas, Andy Schattenhügel, Michael Perlburg

Fotos von dpa Sportreport

Sportverlag Berlin

Titelkonzeption: B & K pro media, Hamburg
Redaktionelle Mitarbeit: Claudia Hain, Freia Beisser
Lektorat und Bildredaktion: Harro Schweizer, Berlin
Umschlaggestaltung: Volkmar Schwengle, Buch und Werbung, Berlin
unter Verwendung eines Fotos von dpa Sportreport
Zusatzfotos: Ullstein Bild, Alfred Harder
Sponsoring: DMC Sport, Hamburg
Layout und Herstellung: Prill Partners| producing, Berlin
Repro-Arbeiten: tiff.any, Digitale Medienproduktions und -service GmbH, Berlin
Druck und Bindung: Westermann Druck Zwickau GmbH

Printed in Germany 2001

ISBN 3-328-00937-X

Dank des Teams an: ASSTEL, Thomas Bartels, Kimberly, Natalie, Martina, Thomas Brönauer, Ludwig Carstens, Siegfried Daut, Deutscher Ruderverband, Alexandra Gelhausen, Prof. Dr. Josef Hackforth, Hermann Holzfuß, Volker Kottkamp, Anita Lorenz, Rudi Lorenz, Frank Luck, Frank Müller, Steffi Riedel, Jens Schulte, Sparkassen-Verband, Dr. Christoph Stege, Dieter Thoma, UNESCO Deutschland, UNESCO Paris, Natascha Welge

Inhalt

MARTIN SCHMITT

Unsere Werte sind Gerechtigkeit und Zusammenhalt

Ich war sechs Jahre alt, als ich zum ersten Mal bei einem Skisprungwettbewerb mitgemacht habe. Da habe ich noch nicht groß nachgedacht. Hochsteigen, Schanze runterfahren, abspringen. Um mehr ging es nicht. Auch einige Jahre später noch nicht. Es war nicht so, dass ich mit Skispringen begann und von Anfang an in der Spitze mitflog. Das entwickelte sich von Jahr zu Jahr.

Damals habe ich mir auch noch nicht großartig über Fairplay Gedanken gemacht. Klar gratulierst du den Besten, aber viel mehr passiert auch nicht. Beim Gratulieren fällt mir allerdings ein, dass ich mir heute mehr Gedanken mache als damals. Meistens dann, wenn ich mich noch über meine eigenen Fehler oder über unfaire Wettkampfbedingungen ärgere. Wenn dann die Siegerehrung beginnt, bin ich mit meinen Gedanken noch ganz woanders. Dass ich dann nicht immer strahle, hat nichts damit zu tun, dass ich dem anderen nicht den Sieg gönne.

Aber auch sonst mache ich mir ganz andere Gedanken als früher. Das liegt, glaube ich, nicht nur daran, dass ich älter werde, sondern auch daran, dass sich die Welt täglich verändert. Zuletzt durch den schrecklichen Terroranschlag auf Amerika sogar ganz massiv. Da wird vieles so unwichtig. Am meisten haben mich die Menschen beeindruckt, die versuchten, rund um die Uhr und unter Einsatz ihres Leben fremdes Leben zu retten. Dazu der Mut, ihr Leben weiter zu leben. Nicht stehen bleiben, weiterkämpfen. Ja, das hat mich wirklich beeindruckt.

Ich habe darüber nachgedacht, was der Sport in solchen Zeiten leisten kann. Er birgt Werte wie Gerechtigkeit und Zusammenhalt. Sich für andere einsetzen – den großen Wert Fairplay. Ich versuche es mal aufs Skispringen zu übertragen.

Mehr Zusammenhalt würde heißen, dass wir uns gemeinsam gegen gefährliche Bedingungen entscheiden. Wenn der Wind zum Beispiel extrem dreht, es nicht nur gefährlich wird, sondern auch annähernde Chancengleichheit nicht mehr gegeben ist. Da erinnere ich mich an die Skiflug-Weltmeisterschaft in Vikersund. Da blies der Wind so stark, dass wir uns weigerten zu springen. So einen Zusammenhalt müsste es viel häufiger geben.

Sich für andere einsetzen. Das hat zum Beispiel unser Physiotherapeut Rudi Lorenz gemacht. Er behandelte vor einigen Jahren Dieter Thomas größten Konkurrenten um den Gesamtweltcup, Primoz Peterka. Der stürzte schwer, Rudi massierte und behandelte ihm die größten Schmerzen weg. Am Ende hatte Primoz die Nase vorn. Dieter wurde zweiter, Rudi bekam einen Fairplay-Preis.

Ich war damals dabei, als der Russe Waleri Kobelew stürzte und im Koma lag. Da hat das Deutsche Team zusammengehalten, wir haben Geld gespendet und ein Fußballspiel zu seinen Gunsten organisiert. Das hat allen Freude gemacht. Wir hatten ein gutes Gefühl. So wie wir immer wieder vergessen, wie schnell das Leben zu Ende sein kann, vergessen wir auch, wie leicht es ist, etwas Gutes zu tun.

Ja, und dann noch das Thema Gerechtigkeit. Das ist mein Lieblingsthema. Manche sagen ja, ich würde immer die Klappe aufreißen oder ich könnte nicht verlieren. Das stimmt so nicht. Natürlich verliere ich nicht gerne, aber deshalb erkenne ich trotzdem jede Leistung des anderen an, gönne ihm den Triumph.

Es geht mir wirklich um die Gerechtigkeit. Es ärgert mich, wenn zum Beispiel nur für Rekorde die Anläufe verlängert werden. Klar ist es für die Zuschauer attraktiver, wenn sie schon zu Beginn des Wettkampfes weite Flüge sehen. Im extremen Weitenbereich besteht für uns Springer jedoch eine hohe Verletzungsgefahr. Teilweise wird das billigend in Kauf genommen.

In diesen Fällen wissen wir schon vorher, dass wir unser Leistungspotenzial nicht voll ausschöpfen können. Es sei denn, wir ge-

Das ist Martin Schmitt
Geboren am 29. Januar 1978
Schulbildung: Abitur 1997, studiert BWL an der Uni Freiburg
Stationen: Mit 6 Jahren Start als Skispringer beim SC Furtwangen; seit 1995 Mitglied im Nationalkader
Erfolge: 1997 Sieger im Europapokal im Mattenspringen; 1998 Olympia-Silber mit der Mannschaft; 1998 erster Sieg im Weltcup-Springen in Lillehammer; 1999 zweifacher Weltmeister (Einzel, Mannschaft), mit 214,5 m Weltrekord, Sieg im Gesamt-Weltcup; 2000 Weltrekord, Sieg im Gesamtweltcup; 2001 zweifacher Weltmeister
Ehrungen: Sportler des Jahres 1999

Zusammenhalt unter Springern: Andreas Widhölzl (oben) verlässt gemeinsam mit Martin Schmitt den Schanzenturm im norwegischen Vikersund. Wegen starken Windes, der für jeden Teilnehmer höchste Verletzungsgefahr bedeutet, weigern sie sich zu springen.

ATOMIC
Andersen Consulting
29
VIKERSUND
Andersen Consulting
30
VIKERSUND

hen ein zu hohes Risiko ein. Das Gleiche gilt für immer schlechter werdende Wetterverhältnisse. Sobald nicht annähernd gleiche Bedingungen für alle Springer gewährleistet sind, kommt es zu Ungerechtigkeiten. Aus diesem Grund gehört für mich Gerechtigkeit bzw. Chancengleichheit zum Fairplay.

Martin Schmitt gratuliert dem siegreichen Teamkollegen Sven Hannawald (l.) zu dessen Weltmeistertitel

Der Sport kann durch seine Popularität eine enorme Vorbildfunktion erfüllen. Egal ob im Einzelsport oder im Mannschaftssport, er kann immer ein besonderes Zeichen setzen.

Das fängt schon bei kleinen Gesten an. Sich bei den Fans bedanken, und wenn es nur ein Winken ist. Dem Gegner helfen. Eine Hand reichen, wenn er, wie zum Beispiel beim Fußball, mal am Boden liegt. Oder ein tröstendes Wort spenden. An das Team denken. Das fällt mir in der Formel 1 auf. Die Fahrer bedanken sich immer bei ihren Mechanikern. Sich gegenseitig anfeuern. Das kenne ich noch von der Nordischen Kombination. Es gibt so viele Möglichkeiten, Zusammenhalt zu zeigen.

Im Hochleistungssport geht es natürlich immer um wichtige Punkte, um wenige Zehntel oder Zentimeter. Der Ehrgeiz ist groß und steht dem Fairplay vielleicht manchmal im Weg. Willi Daume sagte einmal: Fairplay kann man lernen. Daran glaube ich. Das fängt als Kind an – mit Gratulieren. Und hört wahrscheinlich in einem Sportlerleben nie auf. Durch die Unberechenbarkeit werden wir alle immer vor neue Aufgaben gestellt und bekommen gleichzeitig die Chance, etwas Neues zu lernen. Ich freue mich darauf.

Grundvoraussetzung ist jedoch, dass jeder versucht, im Wettkampf seine beste Leistung unter Einhaltung des Regelwerks abzurufen. Schon aus Respekt gegenüber dem Gegner. Das gehört für mich ebenfalls zum Fairplay.

Mats Wilander

Der ungewöhnliche erste Grand-Slam-Titel

Die Hand von José-Luis Clerc umschloss die von Mats Wilander fest und irgendwie sehr herzlich. So, als wollte er sie gar nicht so recht loslassen. Und auch mit den Augen meinte man ihn zu dem damals siebzehn Jahre alten Schweden sprechen zu sehen, eine Mischung aus Respekt, Anerkennung und Bewunderung. Ein Blick, dem Mats Wilander mit einem spitzbübischen Lächeln unter hochgezogenen Augenbrauen und offener Körperhaltung begegnete. Diese Haltung schien zu sagen: Sorry, aber mehr konnte ich nicht tun.

Im Nachhinein lässt sich bekanntlich sehr viel in Gesten interpretieren. Aber zum Glück gibt es bewegte Bilder sowie Fotografien von dieser Szene, in denen diese Vermutungen ihre Bestätigung finden. Aber was war passiert an jenem 4. Juni 1982?

Es war ein Freitag in Paris, die beschriebene Begegnung fand am Netz des Tennisstadions von Roland Garros statt. Die Uhr zeigte 16.15, die Tribüne um den Sandplatz war mit 17 000 Zuschauern restlos ausverkauft. Soeben hatten die Beiden um den Einzug ins Finale der internationalen französischen Meisterschaften, der heutigen French Open, gespielt. Mats Wilander gewann mit 7:5, 6:2, 1:6 und 7:5 gegen den Favoriten aus Argentinien, José-Luis Clerc, der damals 24 Jahre alt war. Die Zuschauer schüttelten ihre Köpfe aber nicht aufgrund der Tatsache, dass Wilander als ungesetzter Newcomer in dieses Turnier eingestiegen war – was das Publikum zu wilden Diskussionen verleitete –, es war nicht der Sprung von Platz 283 der Weltrangliste auf Rang 18 – der sie in Staunen ver-

Eine Bühne für einen großen und fairen Auftritt: Der 17-jährige Mats Wilander bei den French Open 1982 im Spiel gegen den Argentinier José-Luis Clerc

setzte –, auch nicht die geahnte Ablösung des Weltstars Björn Borg – was ihnen Tränen der Wehmut in die Augen trieb –, noch die Unbekümmertheit des jungen Tennisspielers, mit der dieser den Argentinier ausschaltete. Der Auslöser für die hochgeschaukelten Emotionen war ein anderer: Mats Wilander hatte den Zuschauern einen Moment geschenkt – einen zum Speichern, zum Genießen, zum Hervorkramen, wenn die Welt mal wieder schlecht und ungerecht sein würde.

Es sind 222 Minuten gespielt. Im vierten Satz steht es 6:5 und 40:30 für Mats Wilander. Match-Ball für den Schweden. Clerc schlägt den Ball, der Linienrichter gibt ihn aus. Der Schiedsrichter Jacques Dorffmann verkündet: »Spiel, Satz und Sieg: Wilander.« Mit einem letzten Blick zum Publikum schlägt er sein Matchbuch zu, klappt den Tisch hoch und steigt vom Schiedsrichterstuhl, als José-Luis Clerc sich zu beschweren beginnt. »Der Ball ist nicht aus«, nörgelt er. Mats Wilander, der den ersten Glücksrausch schon hinter sich hat, geht zur Seitenlinie, schaut sich den Abdruck genau an, nickt, sucht den Blick zu Jacques Dorffmann und sagt: »Der Ball war wirklich nicht aus. Der Punkt war gut.« Für Clerc. Dorffmann schaut ebenfalls, dreht sich um, geht zu seinem Stuhl, steigt die Stufen hinauf, klappt den Tisch hoch, setzt sich, schlägt sein Matchbuch auf und verkündet: »Zwei neue Bälle.« Das Spiel geht tatsächlich weiter. Clerc bekommt eine neue Chance, um den Sieg zu kämpfen. Doch er verwirkt sie schon mit dem ersten Versuch. Sein mit der Vorhand geschlagener Ball bleibt im Netz hängen. Jacques Dorffmann verkündet erneut: »Spiel, Satz, Sieg: Wilander«, Und klappt sein Matchbuch zu. Diesmal endgültig.

Da stand José-Luis Clerc nun. Der Südamerikaner aus Buenos Aires, der Sätze sagte wie: »Mit Lachen verdient man keinen einzigen Dollar.« Er ging auf den Sieger zu. Er, der Serve- and Volley-Spieler mit der überrissenen Rückhand, hatte eigentlich nichts übrig für Grundlinienspieler wie Mats Wilander. Seine Meinung zu dieser Spielweise war bekannt: »Da drehe ich durch.« Doch José-Luis Clerc lächelte, wie so viele an diesem Nachmittag im Roland-Garros-Stadion und vor den Fernsehschirmen rund um die Welt.

José Luis Clerc in seinem Match gegen Mats Wilander

Mats Wilander, dieser Unbekannte, hatte den Mut, seinen Sieg, der so wichtig war für seine junge Karriere, herzugeben. Und das, obwohl das Spiel eigentlich schon entschieden war. Er hätte sich beschweren oder Clercs Klage im Jubel ignorieren oder einfach nur schweigen können, wenn Clerc den Schiedsrichter zu sich gerufen hätte. Er tat es nicht, obwohl die so wichtige Konzentration für eine erneute entscheidende Phase schon durch die Verkündung des Spielgewinns aus ihm gewichen war. Das Risiko, das Spiel noch zu verlieren, war groß. Ebenso die Möglichkeit, dass er in diesem Fall für die Öffentlichkeit der große trottelige Verlierer gewesen wäre. Vielleicht wäre er auch sofort in der Schublade mit der Aufschrift »Dem fehlt die Schlitzohrigkeit zum Siegertyp« gelandet.

Aber nicht nur, dass er in diesem Moment keine Zeit hatte für solche Gedanken, Mats Wilander wurde durch diese große Geste

ein Held. Über diesen Sieg würde heute keiner mehr sprechen, hätte er ihn nicht mit diesem im harten Tennisgeschäft unüblichen Fingerzeig noch einmal spannend gemacht. Nach diesem Zwischenfall durfte der Schwede in staunend geöffnete Münder blicken und in das Gesicht des lächelnden Clerc.

Allerdings verstand Mats Wilander die Aufregung nicht. Nach dem Match auf diese faire Geste angesprochen, sagte er: »Ich will kein Match gewinnen mit einem Punkt, der mir nicht zusteht. Lieber würde ich ein Match verlieren, selbst wenn es ein so wichtiges ist wie das hier in Paris. Es ist doch schließlich Sport, was wir tun.«

Am Sonntag nachmittag stand Mats Wilander im Finale. Sein Gegner wieder ein Argentinier – Guillermo Vilas. Und auch in diesem Match war Wilander erfolgreich. Es war sein erster Grand-Slam-Erfolg von insgesamt fünf: Ein weiterer folgte in Frankreich drei Jahre später und drei in Australien (1983, 1984 und 1988). Nach seinem ersten Sieg fragten sich viele, ob er ein Wunderkind des Tennis sei. Die Frage, ob er ein Sonderling des Tennissports war, wäre einfacher zu beantworten gewesen.

Noch im selben Jahr bekam er von UNESCO-Generalsekretär M'Bow die »Fairplay Trophy« überreicht. Fast noch höher zu bewerten ist die Auszeichnung, die Mats Wilander vier Jahre später bekam – den Fairnesspreis der ATP für sein vorbildliches Verhalten auf der Profitour. Das bewies, dass das »Gutgeben« von Clercs Ball keine, wie von vielen vermutet, Aktion aus jugendlicher Unbeschwertheit und kein Resultat von übersteigertem Selbstbewusstsein gewesen war, sondern vielmehr eine Geste aus seinem inneren Verständnis heraus – das er mit siebzehn Jahren schon hatte, als er sagte: »Es ist doch schließlich Sport.«

French-Open-Sieger Mats Wilander mit Trophäe. Der Agentinier Guillermo Vilas (ganz rechts) war dem jungen Schweden unterlegen.

FILA

Freundschaftliche Geste nach vier Sätzen. Boris Becker und Andre Agassi im Juni 1991 im Semifinale der French Open

Boris Becker und die Größe eines Verlierers

Die beiden Halbfinale der French Open 1991 waren wie eine Daviscup-Begegnung zwischen den USA und Deutschland. Im dem einen standen sich Michael Stich und Jim Courier gegenüber, im anderen spielten Andre Agassi und Boris Becker.

Becker kam nach seinem Gewinn der Australian Open als Weltranglistenerster nach Paris, Andre Agassi war amtierender ATP World Champion. Schon der erste Satz war hart umkämpft. Keiner gab seinen Aufschlag ab, kein Ball wurde unkonzentriert abgegeben. Becker wollte eine Mission erfüllen und endlich beweisen, dass er auch auf Sand ein Turnier gewinnen konnte.

Es gelang ihm genausowenig wie Stich. Deutschland verlor das interne Daviscup-Match 0:2.

Doch dafür landete Becker einen anderen Sieg. Im ersten Satz gab der Linienrichter einen Ball von Agassi aus. Bevor der Amerikaner eine große Diskussion anzetteln konnte, war Boris Becker schon an der Linie und prüfte den Abdruck. Es war schwer zu erkennen, so folgte er mehr seinem Gefühl und entschied: »Der Ball war gut.«

Wie Mats Wilander knapp zehn Jahre zuvor wollte auch Boris Becker nicht auf Grund einer eventuellen Fehlentscheidung einen Vorteil erzielen, zumal Sieg und Niederlage in diesem ersten Satz nur durch Nuancen in der Spielgestaltung und des Selbstbewusstseins entschieden wurden. Dennoch beharrte Becker auf seinem Eindruck. Agassi bekam den Punkt und siegte im ersten Satz 7:5.

Als das Spiel nach drei weiteren Sätzen vorbei war, zeigte Boris erneut Sportsgeist. Statt eines spärlichen, enttäuschten Händedrucks nahm er Andre Agassi herzlich in den Arm, wie es sonst nur alte Freunde tun. In Würde verlieren und im Guten auseinander gehen – Becker demonstrierte, wie das geht. Das *Deutsche Tennis-Magazin* schrieb über diese Niederlage: »Becker war ein Beispiel dafür, wie man als Verlierer Größe zeigt.«

Stuttgart 1998. Boris Becker und Andre Agassi harmonieren im gemeinsamen Doppel – und unterliegen gemeinsam dem Kanadier Sebastien Lareau und Alex O'Brien (USA).

Thomapyrin
WeberHaus
INTER

Rudi Lorenz

Wie Dieter Thoma den Weltcup »verlor«

Toni Peterka wollte nie, dass sein Sohn Primoz Skispringer wird. Die Angst um seinen Sohn war groß, denn das Temperament des Kleinen war sehr wild. Mit sechs Jahren sprang er zum ersten Mal von einer 15-Meter-Schanze und ließ sich fortan nicht mehr zu einem Hobbywechsel überreden – ungeachtet der väterlichen Besorgnis. Ein quirliges Kind mit viel Mut. Eines, das sofort aufsteht, wenn es fällt. So auch am 20. März 1997 – ein Sturz, dem eine großherzige Geschichte folgte.

Primoz, (übersetzt bedeutet der Name »der Erste«) führte im Gesamtweltcup vor Dieter Thoma. Die Entscheidung, wer der beste Wettkämpfer der Saison war, musste im slowenischen Planica fallen – ausgerechnet auf der größten Skiflugschanze der Welt. 215 Meter sollten in diesem Jahr drin sein, damit lockten die Veranstalter. Sie hatten extra noch gegraben und gebaut, die Richtlinien für maximale Weite bis auf den letzten Zentimeter ausgereizt.

Die Deutschen rechneten. Ein Sieg von Dieter Thoma war nur möglich, wenn er die zwei Skiflugtage für sich entschied oder Primoz Peterka ausschied. Beide galten als exzellente Skiflieger, und auch wenn Peterka zwei fünfte Plätze für den Gesamtsieg gereicht hätten, sollte es spannend werden. Beim Skispringen spielen die Nerven eine Hauptrolle. Es gibt immer mehr als nur eine Möglichkeit für den Wettkampfausgang.

Dieter Thoma mit dem Physiotherapeuten des deutschen Skispringer-Nationalteams Rudi Lorenz, der auch die Schmerzen des Gegners behandelt.

Das erste große Treffen fand am Freitag statt, die umgebaute Schanze wurde getestet. Der Himmel war blau, der Wind kam berechenbar von vorne – gute Bedingungen für Skispringer. Dazu war

die Schanze von vielen Fans gesäumt. Peterka war für die Slowenen ein Volksheld wie Franz Beckenbauer in Deutschland.

Dann sprang Primoz, die Fans jubelten, schrien und schwenkten die Fahnen, als Peterka in der Luft vornüber zu fallen schien. Er hatte am Schanzentisch den richtigen Moment des Absprungs verpasst. Erst schien es, als könnte er sich fangen, doch dann wirkten Wind, Erdanziehungskraft und die Geschwindigkeit auf seinen leichten Körper. Er schlug auf den Hang. Es passiert selten, dass ein Skispringer schwer stürzt. Aber in solchen Momenten wird wieder deutlich, wie gefährlich diese Sportart ist. Liegt ein Springer dann regungslos im Schnee, durchlebt der Zuschauer nicht nur Momente des Entsetzens, sondern auch der Scham, weil er der verheißenden Rekordjagd erlag, statt bei jedem Sprung dankbar zu sein, dass der Springer heil unten angekommen ist. Allerdings ein Gedanke, den die Springer, darauf angesprochen, sofort verwerfen. »Damit müssen wir alle beim Skispringen rechnen. So ist der Sport«, sagt etwa Weltmeister Martin Schmitt.

Fairplay-Preis für Rudi Lorenz, der die Gesundheit des Gegners über den Erfolg des eigenen Springers stellte

Primoz Peterka schlitterte hilflos den Hang hinunter, hinterließ schon die ersten Blutspuren im Schnee. Sofort rannten Helfer in den Auslauf, unter anderem Rudi Lorenz, der Physiotherapeut des deutschen Teams, der diese Geschichte folgendermaßen in Erinnerung behielt:

»Es war still, entsetzlich still. Ich lief mit in den Auslauf. Zum Glück bewegte sich Primoz. Ich stützte ihn und brachte ihn zur slowenischen Erste-Hilfe-Station. Dort lieferte ich ihn ab. Soweit ich erkennen konnte, hatte Primoz starke Prellungen. So richtig einschätzen kann man das aber nie. Dass die Springer nach so einem Sturz gehen können, liegt auch am Schock. Eine Stunde später geht dann meist gar nichts mehr. Nach dem schnellen Einsatz musste ich weiter, denn das Training und die Qualifikation wurden fortgesetzt. Doch wir wohnten im selben Hotel wie das slowenische Team. Ich war schon auf meinem Zimmer, als es an der Tür klopfte. Es war Primoz' Trainer Irko. Er stand da und fragte, ob ich ihm helfen könne. Ein normaler Vorgang. Denn die Slowenen sind meistens mit uns im Trainingslager. Seit Jahren haben wir ein sehr

Primoz Peterka (Mitte) gewinnt in Planica den Gesamt-Weltcup vor Dieter Thoma dank des Einsatzes von Rudi Lorenz. Rechts der drittplatzierte Japaner Kazuyoshi Funaki.

herzliches Verhältnis. Ich sagte, ja, ich würde gleich kommen. Doch zuvor ging ich erst in Dieter Thomas Zimmer. Immerhin sollte ich seinem größten Konkurrenten helfen. Ich erzählte ihm, was passiert war. Er sagte sofort: ›Rudi überhaupt kein Problem. Siegen, weil Primoz nicht antreten kann, das will ich nicht. So kann ich sowieso nicht gewinnen.‹ Dann ging ich zu Primoz. Ich habe ihn zwei Stunden intensiv behandelt. Das ganze Programm. Eis, Massagen und Einreibungen dort, wo es am meisten weh tut. Sein ganzer Körper war geprellt. Am nächsten Morgen trat Primoz an, er konnte tatsächlich springen. Dieter flog hervorragend, konnte aber einen Sprung über die damalige Weltrekordweite von 213 Meter nicht stehen. Primoz wurde am ersten Tag Vierter, Dieter Thoma Sechster. Damit war der Weltcup entschieden. Am kommenden Tag flog Primoz auf Platz zwei, Dieter auf Platz 14. Am Abend feierten wir alle gemeinsam eine große Party. Primoz bedankte sich, und damit war für mich die Geschichte abgeschlossen.«

Doch nicht für die Slowenen, sie hätten am liebsten in die Welt hinausgerufen, was Rudi Lorenz für sie getan hatte, dass es mehr

als eine kollegiale Hilfe gewesen war. Immerhin hätten die Deutschen auch ablehnen können. Die Slowenen hätten für diese Reaktion Verständnis gehabt, ging es doch um die Behandlung des größten Konkurrenten. Die Geschichte wäre irgendwann erledigt und vergessen gewesen. In den Statistiken für die Saison 1996/97 wäre Primoz Peterka als Nummer zwei des Gesamtweltcups und Dieter Thoma als Nummer eins geführt worden. Denn das wussten die Slowenen auch: Ohne die Wunderhände von Lorenz hätte Peterka nicht springen können. In aller Bescheidenheit bestätigte das auch Rudi Lorenz: »Er konnte sich ja kaum bewegen.«

So war es den Slowenen ein tiefes Bedürfnis, dass viele Menschen von dieser Tat erfahren sollten. Sie kontaktierten den Deutschen Verband der Sportjournalisten. Einige Wochen später bekam Familie Lorenz eine Einladung nach Bremen ins Weserstadion. »Wir saßen mit Thomas Helmer zusammen in der VIP-Lounge. Dann wurde ich auf den Platz geführt und mit einem Fairplay-Preis geehrt. Ein Löwe aus Porzellan. Ich habe ihn sehr gerne entgegengenommen. Fairplay ist für mich das höchste, was im Sport erreichbar ist. Ich habe ihn stellvertretend für alle entgegengenommen, die genauso gehandelt hätten.« Es war der 5. April 1997, sein 25. Hochzeitstag. In jeder Hinsicht wird er unvergessen bleiben.

Martin Schmitt im Anflug auf den Weltcup-Gesamtsieg

Martin Schmitt verschenkt seine Siegprämie

Waleri Kobelew schlief im künstlichen Koma unter wärmenden Decken. Aus seiner Nase kamen die Beatmungsschläuche. Der russische Skispringer war auf der Skiflugschanze in Planica (Slowenien) gestürzt. 188 Meter war er im Probedurchgang gesprungen. Danach wollte er sich in der Qualifikation fürs Hauptfeld empfehlen. Als er sich bei über hundert Stundenkilometern vom Schanzentisch abdrückte, erwischte ihn eine heftige Windböe. Sie faltete ihn in der Luft zusammen und drückte ihn bei Höchstgeschwindigkeit auf den Hang, erst mit dem Kopf, dann mit dem Rücken. Bewusstlos kugelte er den Hang hinab.

Fast erleichternd wirkte die Diagnose, die das Unfallkrankenhaus in Ljubljana herausgab. Nach Ultraschalluntersuchungen wurde festgestellt, dass er keine ernsthaften Verletzungen an Rückgrat oder Brustkorb erlitten hatte. Fest stand eine Gehirnerschütterung, schwerste Prellungen und schlimme Schürfwunden im Gesicht. Die Besorgnis, ob er jemals wieder springen könne, war dennoch berechtigt, auch weil dem russischen Team finanzielle Möglichkeiten für teure Rehabilitationsprogramme und psychologische Betreuung fehlten. Als das Springen am nächsten Tag, am 21. März 1999, stattfand, äugten die Springer ängstlicher als zuvor auf die Windmesser. »Es war eine so unglaubliche Nervenanspannung. Wenn der Wind zu stark gewesen wäre, wäre ich runtergestiegen und hätte auf den Gesamtsieg verzichtet«, sagte Doppelweltmeister Martin Schmitt. Er musste nicht absteigen. Als zweiter Deutscher nach Jens Weißflog gewann er den Gesamtweltcup. Als er den Pokal in der Hand hielt, sagte er spontan, dass er die Siegprämie von knapp 10 000 Mark Waleri Kobelew spenden wolle.

Einige Zeit später veranstalteten die deutschen Springer noch ein Fußball-Benefizspiel zugunsten des noch nicht genesenen Springers. Insgesamt kamen weitere 40 000 Mark zusammen. Die Freude war groß, als der Russe in der Saison 2000/01 wieder im Weltcup starten konnte.

Achtung vor dem Gegner zeigt Martin Schmitt auch im größten Erfolg.

Die wahre Größe eines Champions

Die Ausgangsposition für die 13. Etappe der 88. Tour de France war folgende: Noch zwei schwierige Bergetappen in den Pyrenäen standen bevor. Wenn sich Jan Ullrich noch eine realistische Chance auf seinen zweiten Tour-Sieg nach 1997 bewahren wollte, musste er an beiden Tagen vor seinem großen Konkurrenten Lance Armstrong ins Ziel rollen.

Bevor die Fahrer an diesem Samstag auf ihr Rad stiegen, muss jedoch noch die Vorgeschichte erzählt werden: War bis zu der ersten Bergetappe drei Tage zuvor noch unklar, wie stark der Amerikaner wirklich war, zeigte er am elften Tag, dass Jan Ullrich nicht nur gegen seine ungeheure Beinkraft antreten, seinem unbeugsamen Willen trotzen, sondern auch mit seinem Selbstbewusstsein klar kommen musste. Das demonstrierte er in Form eines Blicks in Ullrichs Augen. Viele Zuschauer empfanden diesen Blick als Demütigung für den deutschen Meister. Es war nicht dieses Zurückschauen in Erwartung eines Angriffs, mit dem Bahnradfahrer ihre Gegner belauern, sondern eher ein Blick, der testen wollte, wie fertig Ullrich bereits war. Geschaut, registriert, getan, Armstrong trat an, und Ullrich kam nicht schnell genug hinterher, zumal Beinkraft und Wille des amerikanischen Fahrers unverändert blieben. Armstrong gab von diesem Moment an zu verstehen, dass er nach 1999 und 2000 zum dritten Mal die Frankreich-Rundfahrt gewinnen wollte. Dabei dachte er sich immer wieder neue Facetten der Tourgestaltung aus. Armstrong verstand es sogar, die TV-Kameras als zusätzliche Helfer zu nutzen. »Ich schaute einfach sehr angestrengt in sie

Ein großer Moment der Tour de France 2001. Der Überlegene lässt dem Kämpfer den Vortritt. Jan Ullrich reicht zum Dank die Hand. Lance Armstrong ergreift sie.

hinein«, gab er freimütig zu. Er litt, so dass die Gegner glaubten, er habe nicht mehr viel hinzuzusetzen. Jedes Team hat einen Fernseher im Begleitfahrzeug. Und Armstrong wusste zu gut, dass dieser auch genutzt wurde, um die Anstrengung der Gegner aus den Gesichtszügen zu interpretieren. Eine listige Erweiterung seines Siegesplanes, die Jan Ullrich unerschlossen blieb. Ist er angestrengt, sieht er gestresst aus, hat Ullrich noch Kraft, sind seine Gesichtszüge entspannt.

Das ist nicht der einzige Unterschied im Verhalten dieser großartigen Radfahrer. Den wohl deutlichsten Unterschied arbeitete Telekoms sportlicher Leiter Rudy Pevenage heraus: »Armstrong hat den Krebs überwunden, und vielleicht hat das auch etwas in seinem Kopf verändert. Armstrong denkt immer an die Tour de France. Aber wie soll man einem Mann wie Ullrich sagen, er solle zwölf Monate im Jahr an seinen Beruf denken?« Also doch! Es war auch der Kampf des 52-Wochen-Profis gegen den Genussmenschen. Ullrich wollte von diesem Samstag an gegen alles Gerede trotzdem noch gewinnen.

Während drei der strapaziösen Anstiege klebten die Teams der beiden Kapitäne aneinander. Ullrichs Telekom-Mannschaft gegen das des US-Postal-Teams. Dann veränderte Ullrich die Spielregeln. Seine Renntaktik lautete »Mann gegen Mann«. So griff er am Col de Peyresourde erstmals an und riss die Gruppe hinter dem führenden Einzelgänger Laurent Jalabert auseinander. Armstrong musste mitgehen. In dieser Situation fingen die Kameras sein unbeeindrucktes Gesicht ein. Der Zweikampf, auf den die Tour seit Beginn gewartet hatte, begann. Ullrich erreichte vor dem Straßenweltmeister die Anhöhe. Später sagte er über diesen Moment: »Ich wollte alles riskieren.«

Die Sekunden des Schreckens. Jan Ullrich ist hinter die Leitplanke gefahren, überschlägt sich auf abschüssiger Wiese, schultert sofort sein Rad, klettert auf die Straße hinauf – und fährt weiter. Armstrong wartet auf ihn: »Alles o.k.?«

Er duckte sich ab und raste den Berg hinunter. Zu schnell, zu mutig, zu verbissen wollte er sich endlich seines lästigen Verfolgers entledigen. Doch dann bekam er die Kurve nicht. »Ich sah erst einmal nur die Leitplanke«, erinnert sich Jan Ullrich.

Sofort kamen die Erinnerungen an den Sturz von Fabio Casartelli in den Kopf. Mit solcher Wucht, dass nicht Wenigen ein kurzer

PINARELLO
11
Team Telekom

MAVIC

Schrei entfuhr. Der italienische Olympiasieger war sechs Jahre zuvor auf der Abfahrt vom Col de Portet d'Aspet auf der Straße gelegen, bewusstlos und blutend. Er starb noch im Rettungshubschrauber an seinen Kopfverletzungen.

Doch Ullrich hatte Glück. Er erblickte im letzten Moment noch eine neue Option. »Ich konnte mich zwischen Leitplanke und Gras entscheiden.« Er holperte in die hohe Wiese und wurde unsanft gebremst. Es sah aus, als sei sein Rad lebendig und gleichzeitig bockig geworden. Ullrich flog über den Lenker und landete auf dem Rücken in einem Bach. Während die Beobachter noch immer wie gebannt waren, rappelte sich Ullrich wieder auf. Er schulterte sein Rad, trug es auf die Straße zurück, wo Teamkollege Kevin Livingston bereits auf ihn wartete. Beide nahmen unverzüglich die

Lance Armstrong schlägt aus Ullrichs Sturz kein Kapital. Die Etappe gewinnt er zwar mit einer Minute Vorsprung vor dem Deutschen, jedoch erst nach starkem Antritt am letzten Berg.

Verfolgung auf. Es ratterte in den Köpfen, hatten doch alle gesehen, dass Armstrong schon vorbei war. Wie sollte so ein Vorsprung aufgeholt werden, zumal Armstrongs Team ebenfalls wieder gesammelt zur Verfügung stand? Wieviel Zeit war vergangen, wie viele Meter waren verschenkt?

Wie ein kleines Wunder muss es Jan Ullrich vorgekommen sein, als nur wenige Atemzüge später Lance Armstrong vor ihm auftauchte. Der schaute ihn an und zeigte sich ernsthaft besorgt. Er fragte: »Alles okay?« Jan Ullrich bestätigte. Es folgte ein prüfender Blick und der aufmunternd gemeinte Satz: »Take it easy.«

Ullrich blieb nicht viel Zeit, darüber nachzudenken. Armstrong hatte zwar zweifelsfrei mehr Freude, mit seinem ärgsten Konkurrent zu fahren als ohne ihn. Doch kaum war Ullrich an seiner Seite, nahmen beide wieder Tempo auf, und das Rennen ging weiter, als hätte es diesen Sturz nicht gegeben. Erst im Ziel wurde wieder darüber gesprochen. Was dazwischen lag, war ein einmaliger Zweikampf - voll unerwarteter Hingabe Ullrichs. Es schien, als würde er all seine Grenzen sprengen, um dem Amerikaner wenigstens ein paar Sekunden abzunehmen. Zehn Kilometer vor dem Ziel trat er ein letztes Mal an. Keiner der Bergspezialisten - bis auf Armstrong - konnte folgen. Aber dann zeigte Armstrong seine wahre Größe. Er trat an, unwiderstehlich, mit seiner kurzen Übersetzung. Und Ullrich musste erkennen, dass seine Kraftreserven nicht mehr reichen würden, um dem Amerikaner den Toursieg zu nehmen. »Jan ist ein harter Bursche«, sagte Armstrong noch am selben Tag, »nicht jeder hätte sich nach so einem Sturz wieder auf den Sattel gesetzt.« Aber auch nicht jeder hätte auf seinen schärfsten Rivalen gewartet. »Eine nette Geste«, bemerkte Ullrich. Ohne sie hätte es diesen spektakulären Renntag nicht gegeben.

Bahnrad: Gold aus England

Vierzig Meter trennten sie noch vom Ziel. Der deutsche Bahnradvierer mit Fritz, Lutz, Schumacher und Vonhoff hatte die stärksten Konkurrenten, das Quartett aus England, bereits deutlich abgehängt. Der Sieg bei der Radweltmeisterschaft in San Sebastian schien ihnen nicht mehr genommen zu werden.

Die vorletzte Kurve war schon überwunden, als vor ihnen ein Ordner auf der Bahn auftauchte. Das deutsche Team konnte nicht mehr ausweichen. Die Geschwindigkeit war zu hoch, und Ausweichmöglichkeiten boten sich beim Rad-an-Rad-Fahren ebensowenig. Das deutsche Team von Erfolgstrainer Gustav Kilian hatte keine Chance mehr, das Unglück abzuwenden. Die Fahrer stürzten übereinander. Ein heilloses Durcheinander von Beinen, Körpern und Rädern.

Das britische Team rauschte vorbei und fuhr ohne Gegenwehr und ohne Gegner ins Ziel. Was sich der Ordner bei seiner Unachtsamkeit dachte, wurde nie vollständig geklärt. Auch schien das Geschehen gegen keinen Passus im Reglement zu verstoßen, denn die Jury erklärte die britische Mannschaft zum Sieger. Doch die Fahrer wollten diesen geschenkten Titel nicht annehmen und verweigerten die Goldmedaille. Sie schüttelten den Kopf und sagten: »Die Deutschen sind die wahren Weltmeister. Es war ein unverschuldetes Missgeschick. Nur auf Grund dessen wollen wir nicht siegen.« Das Schiedsgericht war erneut gefordert. Sie berieten diesmal sowohl gründlicher als auch sensibler und stimmten letztlich der Argumentation der Briten zu. Deutschland bekam die verdiente Goldmedaille und wurde als offizieller Weltmeister 1973 bestätigt. Das britische Team hatte bewiesen, dass Fairplay im Mutterland des Sports mehr ist als nur ein Wort.

Der Sturz des deutschen Vierers, der es dem englischen Team trotz eines großen Rückstands ermöglichte, zunächst ungefährdet als erstes ins Ziel zu kommen und sich danach als Meister des Fairplay zu zeigen. Ganz entgegen der Entscheidung des Kampfgerichts verzichteten sie zugunsten der Deutschen auf die Goldmedaille.
(Ullstein Bild)

Der deutsche Verfolgungs-vierer bei der Bahnrad-weltmeisterschaft mit den Fahrern Lutz, Fritz, Vonhoff und Schumacher (Ullstein Bild)

IRAN
2
13
13

Iran – USA

Kein gewöhnliches Fußballspiel

Fußball wurde auch gespielt bei der Begegnung Iran gegen die USA in Lyon während der WM 1998 – und zwar mit vollem Einsatz wie hier beim Kopfballduell zwischen Cobi Jones und dem Iraner Mehdi Mahdavikia.

Es war die politisch brisanteste Begegnung der Fußballweltmeisterschaft in Frankreich 1998: das iranische Team gegen das der USA. Kaum war die Auslosung bekannt geworden, wurden schon die ersten Pressekonferenzen einberufen. Beschimpfungen wie »Schurkenstaat« für den Iran und »der große Satan« für die USA wurden schon einige Zeit vor der Auslosung öffentlich von Politikern ausgesprochen. Nun sollten die Mannschaften der zwei derzeit größten politischen Feindbilder gegeneinander antreten. Eine Vermischung von Politik und Sport war nicht zu verhindern, die Frage war nur: Wie weit würde sie gehen?

Auslöser der massiven Feindschaft zwischen den beiden Ländern war der Sturz des Schahs im Jahr 1979. Damals besetzten Iraner die US-Botschaft, um die Großmacht zu demütigen – was ihnen auch gelang. Das deutsche Nachrichtenmagazin *Der Spiegel* schrieb nach der Auslosung sogar von einer »Schlacht in kurzen Hosen«. Politiker befürchteten große Demonstrationen. Diskussionen des Weltverbands FIFA über erhöhte Sicherheitsvorkehrungen schienen Sinn zu machen. Immer wieder wurde auf die Brisanz dieser Begegnung hingewiesen. Kein Interview mit dem damaligen US-Präsidenten Bill Clinton oder dem iranischen Staatschefs Mohammed Chatami wurde ohne die Frage nach dieser Begegnung geführt. In Teheran wurde der Verbot des Trikottauschs diskutiert. Aus Washington hieß es: »Eine wundervolle Chance für den Fußballsport, diese beiden Länder zusammenzubringen.« Der US-Trainer Steve Simpson fragte sich, ob »das hieße, dass wir 0:2 verlieren sol-

Vor dem Spiel in Lyon: Frauen-Demonstration gegen den islamischen Fundamentalismus

len«? Währenddessen wurde Irans Trainer Jalal Talebi immer wieder gegängelt, ob es tatsächlich für die US-Spieler ebenfalls vor dem Anpfiff Blumen geben würde wie für die jugoslawischen Gegner im Spiel zuvor.

Diese Begegnung glich einem einzigen Durcheinander. Gänzlich den Überblick verloren hatten alle Beteiligten, als der französische Sender M6 einen Abend vor der Begegnung den Iran-kritischen Film »Nicht ohne meine Tochter« ausstrahlen wollte. Aus dem Hotel der iranischen Mannschaft hieß es, einige Spieler hätten aus Wut über diesen Sendetermin die Fernbedienungen der TV-Geräte gegen die Wand gefeuert. Der damals beim 1. FC Köln spielende iranische Profi-Fußballer Khodadad Azizi schimpfte: »Diese Weltmeisterschaft hat nichts mit Sport zu tun.«

Die Diskussionen um Sicherheitsvorkehrungen verschärften sich. Vom Abzug des iranischen Teams war die Rede. Hastig wurden Meinungen bekannt und wieder revidiert. So zog auch Azizi seinen ersten Wutausbruch zurück und beschwichtigte: »Wir müssen alle versuchen, nichts Politisches in das hinein zu interpretieren.«

Auch der iranische Fußballverbandschef Safaie Frahani besänf-

Allen politischen Spannungen zum Trotz: gemeinsames Gruppenbild der Spieler vor dem Anstoß

Faire Geste für den Verlierer. Irans Ali Reza Mansourian (r.) tröstet Joe-Max Moore nach dem Schlusspfiff.

tigte: »Der Film hat natürlich für viel Aufregung gesorgt, aber an einen Boykott haben wir nicht gedacht. Die Spieler haben mich lediglich gebeten, einen Beschwerdebrief zu schreiben. Mehr wurde nicht gemacht. Alles andere interessierte uns nicht.«

Dennoch wurden die Sicherheitskräfte durch 7000 weitere Polizisten verstärkt. In der Stadt und rund um das Stadion herrschte ebenfalls absolute Alarmbereitschaft, weil Demonstrationen US-feindlicher Gruppen angekündigt worden waren. Daran änderte auch die Aussage von Trainer Jalal Talebi nichts. Der verkündete eindringlich: »Wir treten in Lyon gegen die amerikanische Fußballmannschaft an und nicht gegen die US-Regierung.«

Irgendwie konnte das keiner so richtig glauben, bis das Spiel, das von den Amerikanern als »die Mutter aller Spiele« bezeichnet wurde, am 21. Juni 1998 um kurz vor 21 Uhr endlich mit dem Auflaufen der Mannschaften und dem Abspielen der Nationalhymnen begann – im Iran mit acht Sekunden Zeitverzögerung und ohne Vorlauf – wegen der staatlichen Zensur. Eigentlich schade, denn so verpassten die Zuschauer fernab des Gerland-Stadions in Lyon die Eingangsgeste ihrer Landsleute. Die schenkten jedem der US-Spieler

wie angekündigt eine rote Rose, eine Geste der Freundschaft, wie sie schon zuvor die Jugoslawen erfahren hatten. Zudem verzichteten beide Teams demonstrativ auf die getrennten Mannschaftsfotos und posierten statt dessen zum gemeinsamen Gruppenbild.

Ein Stück Völkerverständigung am Rande der sportlichen Begegnung: ein US-Fan mit beiden Flaggen, der amerikanischen und der iranischen

»Warum auch nicht?«, fragte Mehdi Mahdavikia, der iranische Fußballprofi, der für Bochum und den HSV in der Bundesliga stürmt, »wir wollen siegen. Aber nicht, weil der Gegner USA heißt, sondern weil wir weiterkommen wollen. Und wir wollen fair spielen.« So wie beim 0:1 gegen Jugoslawien, als der Iran sich nicht eine Gelbe Karte abholte.

Was die Spieler anschließend auf dem Rasen zelebrierten, war eine Demonstration von sportlichem Fairplay. Das Spiel wurde fair und voller Respekt gegenüber dem Spiel, dem Sport und dem Gegner geführt – ganz anders als alles, was den Politiker im Vorfeld nicht gelungen war.

Hamid-Reza Estili köpfte in der vierzigsten Minute über US-Keeper Kasey Keller zum 1:0 ein. Zur Halbzeit erreichte beide Mannschaften sogar noch eine Grußbotschaft von US-Präsident Bill Clinton. Wenn es als Verbal-Doping für seine Mannschaft gedacht war, so verfehlte es seine Wirkung. Denn in der 84. Minute erhöhte Mehdi Mahdavikia nach einem Konter auf 2:0. Drei Minuten später verkürzte Brian McBride zwar noch auf 1:2, aber für die Amerikaner kam das Tor zu spät.

Ganz ohne Verwarnung kamen die Spieler diesmal allerdings nicht aus. Der Schweizer Schiedsrichter Urs Meier zeigte dreimal Gelb, zweimal für den Iran, einmal für die USA. Diese Niederlage bedeutete für die USA gleichzeitig das Aus bei dieser Weltmeisterschaft. Für den Iran war dies der erste Sieg bei einer Weltmeisterschaft. »Das ist der Grund zum Feiern, es ist egal, wer der Gegner war. Es geht um unseren sportlichen Sieg«, sagte Trainer Talebi.

Vielleicht war die Haltung der Sportler ein Vorbild für alle in und um das Stadion, denn es gab keine Ausschreitungen. Es war ein unerwarteter und deshalb auch unvergesslich friedlicher und fairer Fußballabend mit Trikottausch, Freude, Trauer und vielen anschließenden Fragen und Antworten – ganz ohne Brisanz. Ein unpolitischer Sieg, der auf Irans Straßen ganz amerikanisch in Jeans und T-Shirt gefeiert wurde.

Linke Seite: Wie groß die Wirkung von Völkerverständigung im Sport ist, zeigte der gemeinsame Einmarsch von Nord- und Südkorea bei der Eröffnungsfeier der Olympischen Spiele in Sydney 2000. Die Sportler beider Teile Koreas erschienen mit einheitlicher Kleidung im Stadion. Sie hielten ein neutrales Banner statt der jeweiligen koreanischen Fahne in der Hand. Über ein halbes Jahrhundert nachdem die Staaten geteilt wurden, hatten sie im Sport wieder ein Stück weit zueinander gefunden. Der Applaus galt ihnen, ihrem Mut und dem olympischen Gedanken der Verständigung über die eigenen Grenzen hinaus.

Kricket verbindet Indien und Pakistan

Spielen die Nationalmannschaften von Indien und Pakistan Kricket, verfolgen hundert Millionen Menschen die Schläge auf das kleine Tor aus Hölzchen und die Laufwege der 22 Spieler. Jedes Spiel hat, vergleichbar mit Fußball, den Charakter eines Weltmeisterschaftsfinales, jeder der weiß gekleideten Spieler den Status eines Franz Beckenbauers.

Doch dass diese beiden Kricketteams ohne Ausschreitungen gegeneinander spielen konnten, dauerte ein halbes Jahrhundert. Und das, obwohl die Grundregeln dieser edlen britischen Sportart auf Ehrlichkeit, Respekt und Achtung beruhen. Die politischen Schwierigkeiten erstickten den sportlichen Wettkampf zwischen den beiden besten Teams der Welt.

Drei Kriege zwischen den ehemaligen britischen Kolonien, die bis zu ihrer Unabhängigkeit 1947 ausgefochten wurden, sowie der ewig schwelende Streit um Kaschmir ließ die Zuschauer nicht den Nationalstolz vom Genuss des reinen Spiels trennen. Es kam immer wieder zu Ausschreitungen.

Siebzehn Jahre lang mussten die Spieler auf ein gemeinsames Spiel verzichten. Erst 1978 sahen sie wieder eine Möglichkeit und versuchten es mit sechs Spielen im Jahr – drei in Pakistan, drei in Indien –, bis sich erneut politische Verstimmungen unter die Emotionen mischten. Wieder ein Rückschritt, doch diesmal brachen die Spieler die Beziehungen nicht ab. Bevor sie auf den gemeinsamen Wettstreit verzichteten, wählten sie lieber neutralen Boden und trafen sich im Ausland. Erst Anfang der neunziger Jahre plante das pakistanische Nationalteam erneut einen Besuch in Indien. Obwohl ihnen eine indische, rechtsextreme politische Gruppe mit Terroranschlägen drohte, fand das Spiel statt, weil es die Spieler so wollten. Sie stellten den Sport über die Politik, den Wettkampf zwischen den zwei weltbesten Kricket-Nationen in den Dienst des Sports und nicht des Patriotismus. Sie überwanden Grenzen, die andere nicht zu überwinden vermochten. Zwar wurde unter enormen Sicherheitsvorkehrungen gespielt – doch dafür ohne Vorfälle.

Shahid Afridi (vorn) schlägt für Pakistan, Venkatesh Parasad rechts hinten im Einsatz als Bowler für Indien – gemeinsam jedoch stellen sie den Sport über die Politik.

Oliver Kahn

Im größten Triumph beim Verlierer

Die Münder waren aufgerissen, die Arme fuchtelten über den Köpfen oder umschlangen irgend jemanden, der ihnen gerade in den Lauf kam. Dazu feuchte Augen und immer wieder neue, laute und lange Freudenschreie. Die Bayern hatten die Champions League 2001 gegen den FC Valencia gewonnen.

Trainer Ottmar Hitzfeld warf sich auf seinen Abwehrspieler Patrick Andersson, Willy Sagnol herzte seinen französischen Freund Bixente Lizarazu. Es gab niemanden, der nicht gedrückt, bejubelt und gefeiert wurde im Mailänder Stadion.

Endlich war sie ausradiert, die Schmach von Barcelona, als zwei Jahre zuvor ein Doppelschlag binnen Sekunden den Bayern den sicher geglaubten Sieg raubte und Manchester zum Champion machte. Endlich war die Trophäe wieder in der Säbener Straße, wohin sie fünfundzwanzig Jahre zuvor zuletzt Franz Beckenbauer (bzw. »Bulle« Roth mit seinem Treffer zum 1:0 über St. Etienne) gebracht hatte.

Der Jubel der Bayern war unermesslich groß – und das völlig zu recht.

Nur eine Person passte da nicht ins Bild – Oliver Kahn. Sein Trikot steckte ordentlich in der Hose, die Handschuhe saßen straff an seinen Fingern, der Blick war vom Geschehen abgewandt, konzentriert schaute er vor sich auf den Boden. Er erweckte den Eindruck, als sei die Zeit für ihn vor einigen Minuten stehen geblieben, das Elfmeterschießen würde noch bevorstehen und er sei auf dem Weg zum Tor – leicht apathisch, nur auf das kommende Ereignis fixiert.

Nach dem Champions-League-Endspiel gegen den FC Bayern München: Niedergeschlagen hat Valencias Torhüter Santiago Cañizares die entgangene Trophäe im Blick.

Dabei war es sein Finale und sein Triumph. Er war kurz zuvor in die rechte Ecke gesprungen, hatte den Ball von Valencias letztem Elfmeterschützen Pellegrino mit der Faust abgewehrt und zuvor schon die Schüsse von Zahovic und Carboni gehalten. Hasan Salihamidzic versuchte, Kahn in das Hier und Jetzt zurückzuholen. Er stand tippelnd vor ihm, den Oberkörper nach vorne gebeugt in voller Erwartungen eines gemeinsamen Freudentanzes mit dem Mann, der dem FC Bayern den Sieg gerettet hatte. Doch Kahn hielt ihm beide Hände entgegen, die er flach ausgestreckt von sich spreizte, beschwichtigend nach unten drückte, und machte ihm so deutlich, er solle von ihm ablassen. Salihamidzic verstand nicht ganz und wandte sich trotzdem dem nächst gelegenen feiernden Bayern zu.

Kahn setzte indes mit zehn Schritten, die weder überhastet noch schwer noch schwebend wirkten, sondern nur bestimmt, seinen Weg fort. Die Arme hingen unaufgeregt hinunter, die Hände wirkten durch die Handschuhe übergroß – zum Trösten bereit. Als Kahns Ziel zu erkennen war, wurde deutlich, dass er sich wirklich in einer anderen Zeit bewegte oder besser in mehreren Zeiten. Alles, was seine eigenen Erinnerungen hergaben, bündelte sich zu einem Verständnis für den Mann, der kauernd vor ihm am Boden kniete und seinen Kopf in Handtuch, Arme und Rasen drückte. Es war Santiago Cañizares, Valencias Torwart.

Auch der Spanier hatte drei Elfmeter gehalten, den von Mehmet Scholl gleich zu Beginn des Spiels und dann zwei im Elfmeterschießen. Aber für ihn und seinen FC Valencia hatte es nicht gereicht. Alles hatte der Spanier mit den blond gefärbten Haaren versucht. Die Arme weit geöffnet, seinen Körper und das Hemd aufgebläht wie die Nüstern eines Ungeheuers, dazu die starren Augen, die durch die dichten dunklen Wimpern wirkten, als seien es kleine Feuerkugeln. An das Limit der Regeln war er gegangen, hatte sich schon bewegt, als er es noch nicht durfte, und den Bayern-Spielern mit Verzögerung wichtige Nerven geraubt. Sie hatten ihn verflucht für diesen Anflug von Unsportlichkeit. Nicht nur sie. Aber jetzt war er der Verlierer und Kahn der Triumphierende.

Kahn ist der Held des Spiels, und dennoch findet er erst einmal tröstende Worte und Gesten für den weinenden Gegner.

Jetzt lag Cañizares da auf dem Rasen, als er auf einmal Worte hörte und zwei Hände spürte, die sich vorsichtig an seinen Kopf und unter den Arm drückten. Von außen betrachtet sah die Szene sehr anrührend und gleichzeitig so unwirklich aus. Außen der Jubel der anderen im Zeitraffer, und da diese beiden Menschen, die sich wie in Zeitlupe oder gar nicht bewegten – der eine voll Leid, der andere mit einer besonderen Verbindung zu genau diesem Leid.

»Versetzen Sie sich mal in meine Lage«, forderte Kahn einmal einen Reporter auf. »Ein Tor fällt, ich hebe den Ball auf, ich drehe mich um, und ich blicke auf die Rücken meiner Mitspieler, die alle nach vorne laufen, weg von mir. Ich habe mich nie an die Einsamkeit des Torwarts gewöhnt. Du bist ganz allein da unten, nur mit dem Ball. Diese Situation zu erleben, immer wieder über Jahre hinaus, ist brutal.«

Ja genau, brutal, sagte er. Und er wusste, dass das, was Cañizares durchmachte, »noch brutaler« war und er sich vielleicht noch einsamer fühlte. So wagte Kahn einen neuen Versuch, den Torhüter aufzurichten. Er griff ihn mit beiden Armen, zog seinen Kopf nach oben und sah ihm in die Augen. In diesem Moment kamen Giovane Elber und Samuel Kuffour zu ihm. Auch sie fuhren dem weinenden, geschlagenen Kollegen über den Kopf.

Zwei Jahre zuvor, 1999 gegen Manchester, hatten die Bayern es selbst erleben müssen. Und die Trauer von damals hatte sie 2001 so stark gemacht. Diese Enttäuschung hatte sie ausgestattet mit der Willenskraft, bis zum allerletzten Moment alles zu versuchen.

Gerade Oliver Kahn hatte das Manchester-Syndrom positiv verarbeitet und seine Mannschaft in letzter Sekunde zur deutschen Meisterschaft gebracht. Nach dem 0:1 in Hamburg in der neunzigsten Minute dieses »Weiter, Weiter« gebrüllt, das letztlich noch das 1:1 ermöglicht hatte und Schalke vom Thron stieß. Und deshalb konnte Kahn wie kaum ein Zweiter begreifen, was hier und jetzt in seinem Gegenüber vorging. Er konnte einordnen, was er gesehen hatte. Natürlich konnte niemand Cañizares in diesem Moment wirklich helfen. Auch nicht später, als er sich bei der Siegerehrung trotzig die Medaille vom Hals riss. Aber Kahn konnte zumindest begreifen.

»Wo ist eigentlich der Spaß geblieben?«, hatte sich Oliver Kahn noch auf dem Hinflug nach Mailand gefragt. Da waren sie direkt aus Hamburg angereist, von der Meisterschaft. Und seinen Freudensprint im Volksparkstadion zur Eckfahne – die er aus der Verankerung hob, als wollte er sie vor sich selbst retten – kannte er selbst nur aus dem Fernsehen. Er konnte sich nicht mehr erinnern. Den Spaß an seinem Glücksmoment hatten nur die anderen.

In Mailand nun hing auch irgendwann das Hemd von Oliver Kahn aus der Hose. Die Handschuhe waren verschwunden, das Haar zerzaust. Jetzt hatte auch er den Mund weit geöffnet, die Arme in der Höhe und später den Pokal in der Hand. Er hatte an diesem Tag wahrhaftig alles dafür getan, dass er diesen Fußball-Spaß genießen konnte. Und er hatte sogar an den Verlierer gedacht.

Früh übt sich – nicht nur was meisterliches Kämpfen betrifft. Faire Vorbilder sind ebenso wichtig.

Die olympische Charta über Fairplay

Seit die Fußballbundesliga Millionäre macht, wird das Bestreben von ehrgeizigen Eltern immer größer, ihre Kinder zu Höchstleistungen anzutreiben. Wenn es schon nicht zum Profi reicht, so soll das Spiel im Verein doch wenigstens der Lebensschule dienen. Nicht selten hören die Kinder Sätze wie »Beiß die Zähne zusammen«, wenn sie selbst gefoult wurden. »Weiter, der spielt doch nur«, wenn der Gegner am Boden liegt, oder »Augen zu und durch«. Dieser Satz ist sogar für fast jede Situation anwendbar. In gewissen Situationen mögen diese Anweisungen zutreffen. Doch wenn Fouls immer Notbremsen sind, Fairness mit Dummheit verwechselt und Betrügerei augenzwinkernd mit »Vollprofi« quittiert wird – was bedeutet dann Lernen fürs Leben? Ohne zur Seite zu schauen, ohne zu helfen, mit viel Egoismus?
Die olympische Charta, das Grundwerk der sportlichen Ethik, hat anderes vorgesehen. Da heißt es im Artikel 1A: »Ziel ist vor allem die Erziehung der Jugend durch den Sport. Er soll dazu beitragen, dass Kinder frei von Diskriminierung Werte wie Achtung, Freundschaft, Solidarität und Fairplay vermittelt bekommen, um so zu einer friedlicheren Welt beizutragen.«
So unterschiedlich können die Ansichten von Lebensschule sein.

30
ANTHOLZERTAL
ruhrgas
adidas

Frank Luck und Viktor Maigurow

Mit geliehenem Ski zum Weltcup-Sieg

Biathlon hat sich zu einer imponierenden Fernsehsportart entwickelt. Wir sind fasziniert von schnellen Skiläufern, die sich im Schnee wälzen, um dann mit ihren Gewehren auch noch winzig kleine Schießscheiben zu treffen. Es war das letzte Staffelrennen der Weltcup-Saison 1998/99, und Frank Luck war der letzte deutsche Läufer. Vor ihm hatten sich seine Teamkollegen Ricco Groß, Peter Sendel und Sven Fischer auf der Biathlonstrecke in Antholz erfolgreich an Position eins gekämpft. Der Olympiasieger musste nun nur noch die Führung vor Italien und Russland behaupten.

Frank Luck glitt mit weiten Schritten Richtung Schießstand. Das Liegend-Schießen stand als nächste Aufgabe auf dem Programm. »Auf einmal hörte ich ein komisches Geräusch«, erinnert sich Frank Luck. Ausgerechnet in dem Moment, als er sich hinlegte, brach seine Bindung. »Als ich fertig war mit dem Schießen und weiterlaufen wollte, merkte ich den Bruch.« Zwar waren rund um die Strecke überall deutsche Helfer und Streckenposten verteilt, die die Athleten während des Laufs jederzeit mit Material versorgen konnten, aber ausgerechnet am Schießstand eben nicht. Auch deshalb, weil dort noch nie etwas Vergleichbares passiert war.

Luck erzählt weiter: »Also bin ich auf einem Ski in die Spur und Richtung Aufwärmzone gefahren in der Hoffnung, dort neues Material zu bekommen. Die Aufwärmzone lag zwar direkt an der Strecke, aber schon rund 150 Meter entfernt.«

Der Oberhofer Frank Luck beim Weltcup-Rennen im Südtiroler Antholz mit zwei intakten Skiern

In der Zwischenzeit hatten sich die deutschen Betreuer schon per Funk verständigt und einen neuen Ski aufgetrieben. Sie spurte-

ten Richtung Aufwärmzone, wo Luck bemerkenswert schnell mit einem Ski in der Hand, dem anderen am Fuß ankam. Er benutzte eine Art Rollertechnik. Mit dem einen Fuß drückte er sich ab, mit dem anderen glitt er voran.

Doch bevor irgendein Helfer des deutschen Teams zu Hilfe eilen konnte, passierte folgendes: Lucks russischer Konkurrent, Weltmeister Viktor Maigurow, war schneller als alle anderen. Er hatte sein Rennen schon hinter sich, sah Frank Luck, wie er auf einem Ski anholperte. Spontan schnappte er sich den Ski seines Kollegen Sergej Roschkow. Seine eigenen konnte er nicht nehmen, denn mit denen war bereits der russische Schlussmann Pawel Rostowzew unterwegs. Maigurow reichte das Brett uneigennützig dem Deutschen weiter. »Es gibt zwei, drei verschiedene Bindungssysteme, aber unsere Skibindungen waren zum Glück kompatibel. Ich schnallte ihn sofort an und lief weiter«, erzählt Luck.

Mit dem russischen Ski am Fuß lief er zum Sieg. Die deutschen Betreuer hätten zwar wenige Meter weiter auch helfen können, aber eben auch einige Sekunden später. In einer Sportart, in der oft Zehntelsekunden entscheiden, kann das schon über Sieg und Niederlage richten.

Letzter Wechsel der deutschen Biathlon-Staffel: Der Altenberger Carsten Heymann (r.) schickt Frank Luck ins Rennen.

Viktor Maigurow (r.) empfängt von Frank Luck die Fairplay-Trophäe des Verbandes Deutscher Sportjournalisten (VDS). Nach Lucks Skipanne reichte Maigurow einen Ersatzski und verhalf der deutschen Staffel so zum Sieg. Die Russen belegten Rang zwei.

Auch wenn es, wie Luck erklärte, in den siebziger Jahren schon einmal eine ähnliche Situation gegeben hatte, so war es doch eine außergewöhnliche Geste. Der einzige, der von außergewöhnlich, ehrenhaft und einmalig nichts wissen wollte, war der Russe Viktor Maigurow. Er beteuerte immer wieder: »Ich musste Frank einen Ski geben. Es ist doch selbstverständlich, dass ich einem Sportskameraden helfe. Wenn es umgekehrt gewesen wäre, hätte man mir bestimmt auch geholfen.« Stimmt wohl, wie Luck später bestätigte: »Wir kennen uns schon über so viele Jahre. Viktor war mit seiner Familie bei uns zu Besuch. Wir haben so viele Wettkämpfe und Trainingslager miteinander verbracht. Wir sind gut befreundet. Das hätte jeder für den anderen gemacht.«

Was für die Beteiligten offensichtlich selbstverständlich schien, war trotzdem in diesem Moment für alle Unbeteiligten sehr rüh-

rend. Luck: »Alle waren erstaunt, dass so etwas noch möglich ist.« Und lachend fügte er hinzu: »Viktor konnte gar nicht glauben, dass diese Aktion so einen Schwanz an Ehrungen nach sich zog. Er bekam drei Fairplay-Preise. Einen, den des Verbands Deutscher Journalisten, durfte ich ihm sogar selbst überreichen. Das war schon schön, auch auf diese Weise danke sagen zu können.«

Trotzdem hätte die große Geste beinahe nicht zum Sieg gereicht. Denn die Jury disqualifizierte das deutsche Team – wegen Luck. Nicht wegen seines »falschen« Skis, sondern weil seinem Gewehr eine Kontrollmarkierung fehlte. »Das war wirklich ein ziemliches Durcheinander. Erst die gebrochene Bindung und dann das«, erinnert sich Luck. »Normalerweise wird uns die Aufgabe der Gewehrabnahme durch einen Betreuer abgenommen. Ich rief auch noch per Funk an und fragte, ob alles in Ordnung sei. Unser Helfer sagte: Ja, die Waffen würden bei ihm stehen.« Als Luck das Gewehr schulterte, achtete er nicht darauf, ob die Markierung klebte. Auch dem Wettkampfkontrollposten fiel der fehlende Aufkleber nicht auf. Er ließ Luck ohne Schwierigkeiten passieren. Erst bei der Nachkontrolle wurde das Missgeschick aufgedeckt. Luck schob den Fehler dennoch nicht auf den eigenen Helfer ab: »Der Sportler ist dafür verantwortlich, dass seine Waffe kontrolliert wird.«

Aber was war mit dem Kontrollposten, der Luck durchgelassen hatte: Hatte er nicht seine Aufgabe vernachlässigt? Trainer Frank Ullrich, es war sein 41. Geburtstag, legte Protest ein. Er polterte: »Es kann nicht sein, dass Luck nicht von den Kampfrichtern aufgehalten wurde, die eigentlich die Waffenmarkierung zu überprüfen haben. Die sind ihrer Pflicht nicht nachgekommen.«

Anhand von Fernsehbildern konnte er der Wettkampfjury das genau nachweisen. So hatte der Wettkampf und die Aktion mit dem geliehenen Ski doch noch ein Happyend. Und zwei weitere Dinge haben seit diesem aufregenden Wettkampftag Bestand:

1. Seit Lucks Bindungsbruch postiert das deutsche Team auch Streckenposten an den Schießständen.

2. Die Skibindungen der Deutschen und Russen sind noch immer kompatibel. Luck lacht: »Weil man ja nie wissen kann.«

Als Daley Thompson seine Stäbe vergaß

Daley Thompson wurde in Moskau Olympiasieger im Zehnkampf. Seine überragenden Leistungen deuteten sich ein Jahr zuvor bereits an – am 28. Juli 1979 beim Zehnkampf-Meeting in Flein bei Heilbronn. Thompson gelang ein sensationeller erster Wettkampftag. Der Brite sprintete die 100 Meter in 10,45 Sekunden, sprang 7,60 Meter weit, stieß die Kugel auf 14,82 Meter, überquerte die Hochsprunglatte bei 2,06 Meter, und auch über 400 Meter lief er allen davon. Er brauchte nur 47,30 Sekunden für die Runde. Kurz: Er war schneller, sprungkräftiger und stärker als seine Konkurrenz. Er war auf dem Weg, den Europarekord des Mainzer Zehnkämpfers Guido Kratschmer von 8498 Punkten zu verbessern.

Auch der nächste Tag ließ sich gut an. Thompson begann in ähnlich glänzender Verfassung. 110 Meter Hürden: 14,39 Sekunden – Tagesbester. Mit 43,14 Meter im Diskus baute er seine Führung aus. Jetzt musste er für den Europarekord nur noch »normale Leistungen« bringen.

Daley Thompson in Los Angeles 1984. Da hatte er seine Stäbe dabei.

Die nächste Disziplin war der Stabhochsprung. Bei seiner Verfassung barg das Überspringen der Fünf-Meter-Marke kein Problem. Doch was die Trainer Daley Thompson bis zu diesem Zeitpunkt verschwiegen hatten: Die Stabhochsprungstäbe fehlten. Das Sperrgepäck – die Stäbe sind über vier Meter lang – war nicht rechtzeitig zum Wettkampf eingetroffen. Thompson stand ohne Stäbe und wahrscheinlich auch ohne Sprache da. Was tun?

Die Hilfe kam von einem Konkurrenten, vom deutschen Mehrkämpfer Jens Schulze. »Als ich hörte, dass Daley keine Stäbe hat, bot ich ihm meine an«, erzählt Schulze. »Das war für mich überhaupt kein Thema. Unter Zehnkämpfern ist die gegenseitige Hilfe normal. Es passiert auch mal, dass einem ein Stab bricht, dann helfen meist auch die anderen aus. Die Stäbe unterscheiden sich nur in der Härte, ein Tausch ist ohne Risiko möglich.«

Weil es für Schulze so normal war, gab es auch kein großes Tamtam um diese Geste. Nicht mal in der aktuellen Berichterstattung wurde die gute Tat erwähnt. Was jedoch erwähnt wurde, war das Scheitern von Thompson. Der pokerte zu hoch, verzichtete auf einen Sicherheitssprung. Eine Haltung, die in den folgenden Jahre seinem Hauptkonkurrenten, dem deutschen Zehnkämpfer Jürgen Hingsen, mehrmals zum Verhängnis wurde.

Doch diesmal gelang dem Engländer der Poker noch nicht. Er stieg erst bei einer Höhe von 4,40 Meter ein, riss dreimal und stand nun ohne Punkte und wahrscheinlich wieder ohne Sprache da. Trotz seiner brillanten Vorleistungen war die Nullnummer nicht mehr aufzuholen. Zwar trat Thompson noch beim Speerwurf an, warf 61,92 Meter weit, doch der abschließende 1500-Meter-Lauf fand ohne ihn statt. Die Motivation war einfach weg.

Das einzige, was blieb, war der Dank an Jens Schulze für diese nette Geste. Auch wenn sie nichts gebracht hatte, stießen beide noch am selben Abend an. »Daley als Antialkoholiker mit einer Cola, ich mit Sekt«, erinnert sich Schulze. Der hatte mit 8018 Punkten zum ersten Mal die 8000-Punkte-Grenze überwunden, wurde zweiter hinter Kollege Holger Schmidt (8079 Punkte).

Roman Sebrle, der im Mai 2001 im österreichischen Götzis einen neuen Zehnkampf-Weltrekord aufstellte und dabei als Erster die Traumgrenze von 9000 Punkten übertraf

Hätten Thompson und Schulze es damals schon gewusst, hätten sie auf zwei großartige Sportkarrieren trinken können. Schulze wurde später Europacup-Sieger und Deutscher Meister. Thomson verbesserte insgesamt dreimal den Weltrekord. Zum ersten Mal 1980 (8622 Punkte). Es war die Zeit, als der Zweikampf in der Weltspitze zwischen Hingsen und Thompson begann. Immer wieder übertrumpften sich Beide gegenseitig.

Zwei Jahre später korrigierte Thompson Hingsens 8741 Punkte auf 8774 Punkte, und wiederum zwei Jahre später stahl er die Bestmarke erneut von Hingsen, war 15 Punkte besser als er. Aber nicht nur die Weltrekorde wurden verbessert, auch der Fairplay-Gedanke wurde unter den Zehnkämpfern manifestiert.

In Deutschland gibt es seit 1990 eine übergeordnete Organisation: das Zehnkampfteam. Zur Gründerzeit mit dem Mehrkämpfer Siggi Wenz an der Spitze kümmert sie sich um den Nachwuchs, kämpft gegen Doping und für gutes Verständnis zwischen den Nationen. »Ich komme nicht vom Zehnkampf, aber die Stimmung und das tatsächliche Umsetzen von Zusammenhalt, Toleranz, Respekt unter Sportlern ist bei den Zehnkämpfern einmalig. Das habe ich bei keiner anderen Sportart bisher erlebt.« Das sagt der jetzige Vorstand des Zehnkampfteams, Hermann Holzfuß.

Den jüngsten Beweis, dass es bei den Vielseitigsten der Leichtathletik wirklich fair zugeht, erbrachte der Ungar Attila Zsivoczky. Beim traditionellen Mehrkampf-Meeting in Götzis/Österreich hätte der Tscheche Roman Sebrle im Mai 2001 ohne den Konkurrenten wahrscheinlich nicht die magische 9000-Punkte-Grenze überschritten. Der Weltrekord stand vor diesem Wettkampf bei 8994 Punkten. Sein Landsmann Tomas Dvorak hatte ihn am 3. und 4. Juli 1999 aufgestellt. Den konnte Sebrle nur verbessern, wenn er beim abschließenden 1500-Meter-Lauf schneller rennen würde, als er sich selbst vorstellen konnte.

Es gelang ihm, weil sich Zsivoczky vor ihn spannte und wie eine Lokomotive das Tempo bestimmte. Sebrle konnte so seinen Kopf ausschalten, seine ganze Energie auf den Befehl »folgen und dran bleiben« bündeln. Nach 4:21,98 Minuten taumelte er über die Ziellinie. Die Punktzahl, die er für diese Zeit bekam, addierte sich auf 9026 Punkte – Weltrekord. Seine Worte danach: »Diese Leistung wird für mich bis in den Tod hinein das Wertvollste sein. Ohne Attila hätte ich sie nicht geschafft. Mein Dank gilt ihm.«

Vielleicht werden die Zehnkämpfer auch deshalb »die Könige der Leichtathleten« genannt.

Der ungarische Zehnkämpfer Attila Zsivoczky, der den neuen Weltrekordler Sebrle im letzten Durchgang, dem 1500-Meter-Lauf, uneigennützig mit hohem Tempo zum Erfolg zog

Perlow und Potaschow: Arm in Arm über die Ziellinie

Gemeinsam wollten Alexandr Potaschow (l.) und Andrej Perlow den Sieg – für ihre damals innenpolitisch bedrohte Heimat Russland. Doch die Kampfrichter entschieden anders und sezierten das Zielfoto.

Die Leichtathletik-Weltmeisterschaft 1991 in Tokio waren die Spiele des Carl Lewis. Der Amerikaner stellte gleich zwei Weltrekorde auf. Lewis sprintete 9,86 Sekunden über 100 Meter, drückte die Staffelzeit auf 37,50 Sekunden und beteiligte sich am Weitsprung-Weltrekord von Mike Powell. Lewis brach als erster die legendäre Marke von Bob Beamon aus dem Jahr 1968 um einen Zentimeter, sprang 8,91 Meter. Eine »unglaubliche Motivation« (Powell) für den Teamkollegen. Denn der flog anschließend auf 8,95 Meter und zum Sieg.

Doch neben diesen Rekord-Athleten gab es noch ein weiteres Duo, das die Schlagzeilen dieser Spiele prägte: der russische Geher Alexandr Potaschow und der Weltrekordhalter Andrej Perlow (3:37,41 Stunden/1989). Ihre Teilnahme wurde erst 72 Stunden vor der Eröffnung der Weltmeisterschaft bestätigt. Der Drei-Tage-Putsch der Kommunisten gegen die gerade entstehende Demokratie hatte die Aus- und Einreise der sowjetischen Mannschaft verhindert. Um so größer war der Symbolcharakter des Zielfotos, das beide Athleten Arm in Arm über die Ziellinie gehend zeigte. Der schmale, kleinere Perlow mit dem schütteren Haar, daneben der massiv wirkende dunkelhaarige Alexandr Potaschow. Beiden gemeinsam stand die unglaubliche Erschöpfung im Gesicht. Sie hatten den anderen in keinem Teil der Strecke aus den Augen gelassen, sich gegenseitig vorangetrieben, mitgezogen und motiviert, bis es nur einen wahren Sieger geben konnte – nämlich Beide. Nach 3:53,09 Stunden blieb für das russische Duo die Uhr stehen. Doch den Sieg, den sie mit dieser fairen Geste teilen wollten, wollte die Jury nicht sehen. Penibel studierten sie das Zielfoto. Potaschow bekam die Goldmedaille überreicht, Perlow die silberne.

Arne-Larsen Ökland und Frank Ordenewitz

Zwei, die Tore verschenkten

Im Fußball gibt es einige Tore, die aus grober Unsportlichkeit entstanden sind. Ein ungesehenes Foul, um sich den Weg zu bahnen. Eine Hand, die den Ball ein wenig von der Flugbahn ablenkt. Ein frühzeitiger Jubel, obwohl das Spielgerät noch nicht die Torlinie überwunden hatte. Doch wenn der Schiedsrichter das Tor erst gepfiffen hat, drücken die feiernden Mannschaftskameraden und die Gesänge der Fans das schlechte Gewissen geschwind aus dem Kopf – weg ist es. Zurück bleibt der Platz für die eigene Freude.

Manchmal stellt sich auch eine große Erleichterung ein, dass diesem kleinen Anflug von Fairness, der vielleicht für kurze Zeit aufkam, nicht nachgegeben wurde. Was hätten die Fans, Präsidium und Kollegen wohl gemacht, hätte man freiwillig das Tor zurückgegeben?

Erahnen lässt sich, dass es bei der großen Fairplay-Preis-Verleihung, hätte sie denn stattgefunden, braven Applaus gegeben hätte. Doch die wahren Gedanken, die Vorstellung, durch diese sportliche Geste wäre eine Meisterschaft entschieden, ein internationaler Platz verhindert oder gar der Abstieg erwirkt worden, sie hätten sich hinter dem Beifall versteckt.

Vier Tage vor seinem fairen »Tor-Verzicht«: Frank Ordenewitz (l.) feiert mit seinem Trainer Otto Rehhagel drei Runden vor Saisonschluss den Deutschen Meistertitel für Werder Bremen.

Um so erstaunlicher, dass sich dennoch zwei Bundesliga-Profis in den vergangenen Jahrzehnten trauten, ein irreguläres Tor zu ihren Ungunsten zu reklamieren. Der eine Spieler war Arne-Larsen Ökland, der andere Frank Ordenewitz. Zwar ging es in beiden Spielen nicht um ein entscheidendes Tor, nicht um Meisterschaft und Abstieg, doch das sollte ihr mutiges Bekenntnis nicht mindern.

7. März 1981: Bayer Leverkusen spielte seit zwei Jahren in der Bundesliga, für Arne-Larsen Ökland war es die erste Saison. Bei einem Qualifikationsspiel der deutschen Amateur-Nationalmannschaft gegen die norwegische Auswahl entdeckte ihn der damalige Leverkusener Trainer Willibert Kremer. Der Stürmer wurde für 200 000 Mark Ablösesumme auf zwei Jahre verpflichtet und erwies sich als exzellenter Torjäger. Ihm gelang, was bis heute kein Leverkusener Spieler mehr schaffte: Er besiegte die Bayern, damals mit Spielern wie Karl-Henz Rummenigge, Paul Breitner und Klaus Augenthaler bestückt, geradezu im Alleingang. Das 1:0 fiel schon in der vierten Minute, das 2:0 in der neunzehnten, das dritte in der vierundzwanzigsten Minute, und dann sah Schiedsrichter Udo Horeis (Buchholz) sogar ein 4:0.

Ein Schuss von Ökland, der Ball landete im Tor, die Mannschaft jubelte und der Schiedsrichter pfiff, obwohl die Bayern-Spieler heftig protestierten. Ökland erzählte später: »Breitner und Rummenigge schimpften am lautesten. Dadurch gewann ich aber auch ein wenig Zeit zum Überlegen.« Noch im Jubel und Gezeter schnappte sich der Torschütze den Ball und spurtete an den Spielern vorbei zum Schiedsrichter. »Das war kein Tor«, keuchte er. »Ich wusste zuerst gar nicht, was er meinte«, erinnerte sich Schiedsrichter Horeis später. Ökland erklärte, dass ein Loch im Netz sein müsse, denn er habe nur das Außennetz getroffen. Der Ball müsse durch die Lücke ins Tor geraten sein. Der vierte Treffer wurde zurückgenommen und Ökland in die Geschichtsbücher eingetragen.

»Breitner und Rummenigge haben sich nach dem Spiel bei mir bedankt«, sagte er. Dennoch gab auch Ökland zu, dass es »nicht immer einfach sei, zum Schiedsrichter zu gehen und zu sagen, dass etwas anders war, als er es gesehen hatte. Auch weil es häufig zu schnell geht.« Einen Fairplay-Preis bekam der spätere Co-Trainer der norwegischen Nationalmannschaft für diese Aktion allerdings nicht. Die wurde dafür Frank Ordenewitz sieben Jahre später überreicht.

7. Mai 1988: Ordenewitz stürmte für den SV Werder Bremen, der in die Meisterschaft unter Otto Rehhagel gerade vier Tage zuvor in Frankfurt perfekt gemacht hatte. Werder war zu Gast in

Köln. Und die Kölner führten 1:0, als sie schon wieder im Bremer Strafraum auftauchten. Die Flanke, hart und platziert vors Tor geschlagen, landete an der Hand von Ordenewitz, sprang von dort ins Aus. Schiedsrichter Manfred Neuner hatte die Regelwidrigkeit nicht gesehen und entschied auf Eckball für Köln. Weil die FC-Spieler jedoch auf das Handspiel hinwiesen, fragte der Schiedsrichter bei Ordenewitz nach. »Haben Sie den Ball mit der Hand gespielt?« Ohne zu zögern gab er das verbotene Spiel zu und sagte knapp: »Ja, das stimmt.« Daraufhin gab es Elfmeter für Köln, Pierre Litbarski verwandelte zum 2:0 – dem Endstand des Spiels.

Der pfiffige Werder-Manager Willi Lemke trug dieses überraschende Geständnis dem Fußballweltverband FIFA zu. Und der Weltverband ließ sich nicht lumpen. Er ehrte Ordenewitz mit einer Trophäe und einer Geldprämie von 50 000 Schweizer Franken (damals umgerechnet rund 65 000 Mark). Ordenewitz legte dieses Geld bei einer Bank an und veranstaltet seither jährlich von den am Jahresende ausgeschütteten Zinsen ein Weihnachtsfest für hundert hilfsbedürftige Kinder.

Dass sein ein Jahr später auslaufender Vertrag nicht mehr verlängert wurde und sein nächster Klub 1. FC Köln hieß, hatte angeblich nichts mit seinem zugegebenen Handspiel zu tun. Amüsant ist eher, dass er wiederum drei Jahre später, nämlich 1991 vom Deutschen Fußball-Bund für eine weniger faire Geste gesperrt wurde. Er hatte im Pokalhalbfinale gegen den MSV Duisburg seine zweite Gelbe Karte bekommen, was eine Sperre für das Endspiel nach sich gezogen hätte. Die einzige Möglichkeit, diese zu umgehen, wäre ein Platzverweis gewesen. Der hätte ihn zwar nach dem damaligen DFB-Reglement in der Bundesliga zu einer Pause genötigt, für das Pokalfinale hätte er jedoch wieder spielen dürfen. Mit dieser Idee ging er zu seinem damaligen Trainer Erich Rutemöller – der sagte: »Mach'et Otze.« Ein Satz, der seitdem ebenfalls in den Bundesliga-Büchern geführt wird. Mindestens genauso wie sein Fairplay-Preis.

Allerdings bekam der Schiedsrichter dieses Vorhaben mit, Ordenewitz wurde vom Platz gestellt und vom DFB für das Finale gesperrt, während Trainer Rutemöller eine Geldstrafe zahlen musste.

»Ich habe nichts gesehen«

Vorbildlich gewinnen und anständig verlieren ist eine Gradwanderung. Nicht jeder Spieler hat den Mut, die Einsicht oder auch Einstellung, wie sie Frank Ordenewitz und Arne-Larsen Ökland in ihren Fällen bewiesen haben. Dass Spieler in der gleichen Situation durchaus anders entscheiden, demonstrierte Bayerns Nationalspieler Thomas Helmer am 23. April 1994.

Es war der drittletzte Spieltag und Nürnberg zu Gast im Olympiastadion. Für den FC Bayern ging es um den Titel, der Club kämpfte gegen den Abstieg.

Tohuwabohu im Nürnberger Strafraum nach einer Bayern-Ecke. Oliver Kreutzer verlängert mit dem Kopf auf das hintere Toreck. Da steht Thomas Helmer, schießt und stochert den Ball auf das von Nationalkeeper Andy Köpke gehütete Club-Tor. Doch irgendwie landet der Ball neben dem Kasten. Helmer versteckt sein Gesicht hinter seinen Händen, Franz Beckenbauer wendet sich frustriert ab – bis beide den plötzlichen Torjubel der 65 000 Zuschauer vernehmen. Schiedsrichter Hans-Jürgen Ommers hat auf Tor entschieden.

Nach Spielschluss sagte er: »Ich hatte es anders gesehen, aber ich verließ mich auf meinen Linienrichter.« Den hatten auch die Club-Spieler als ersten Sündenbock ausgemacht. Sie bestürmten und beschimpften ihn vergeblich. Denn durch dieses Tor, das keines war, wurde die Partie entschieden. 2:1 für den FC Bayern.

Schiedsrichter Osmers entschuldigte sich schon, nachdem er die ersten TV-Bilder gesehen hatte. »Ich schaute in die Sonne«, erklärte er. Doch was war mit Thomas Helmer, der den Ball ebenso eindeutig wie Club-Torhüter Köpke und seine Mannschaft im Aus statt im Tor gesehen hatte? Der sagte erst: »Ich habe es nicht gesehen.« Es folgte der genervte Satz: »Da der Ball im Aus war, musste ich davon ausgehen, dass er nicht im Tor war.« Dann schloss Helmer mit folgender Aussage den Vorfall ab: »So ist das eben im Fußball.«

Übrigens: Das Spiel wurde wiederholt. Bayern gewann 5:0 und wurde in dieser Saison Deutscher Meister, Nürnberg stieg ab. Aber das »Phantomtor« hatte noch ein Nachspiel durch den Weltverband. Da der DFB hier erstmals eine Tatsachenentscheidung eines Schiedsrichters revidiert hatte, drohte die FIFA, den DFB von der nächsten Weltmeisterschaft auszuschließen. So blieb es bis heute die einzige Entscheidung des DFB gegen eine Tatsachenentscheidung eines Schiedsrichters.

Helmers Phantomtor: Der Ball ist deutlich vor dem Netz zu erkennen. Vier Jahre später erlebt die Bundesliga einen ganz anderen Thomas Helmer: Da erhält er als Botschafter der SOS-Kinderdörfer die Fairplay-Trophäe des Verbandes Deutscher Sportjournalisten. (Harder)

Arsene Wenger

Die ungeschriebenen Fußballgesetze

Fairplay-Trophäe des Verbandes Deutscher Sportjournalisten an Arsene Wenger aus der Hand des damaligen DFB-Teamchefs Erich Ribbeck, April 2000

Das Londoner Highbury-Stadion war an diesem Januar-Tag im Jahre 1999 mit 39 000 Zuschauern restlos ausverkauft. Es stand 1:1 im Viertelfinale um den FA-Pokal zwischen dem Zweitligisten Sheffield United und dem Erstligisten FC Arsenal.

Arsenals Spieler Lee Moris lag verletzt am Boden, als der Ball bei Sheffields Torwart Alan Kelly landete. Der schoß das Spielgerät ins

Aus, damit Moris behandeln werden konnte. Als der wieder auf den Beinen stand, gab es Einwurf für Arsenal, da die letzte Ballberührung von Sheffield ausging. Es ist ein ungeschriebenes Gesetz im Fußball, dass in so einem Fall der Ball an die Mannschaft zurückgegeben wird, die vor der Szene in Ballbesitz gewesen ist.

Doch dieser Einwurf landet nicht in Sheffields Reihen. Arsenals Stürmer Nwankwo Kanu kam zackig herangerauscht, schnappte sich den Ball und passte ihn blitzschnell an den verdutzen Zweitliga-Spielern vorbei auf seinen niederländischen Mannschaftskollegen Marc Overmars. Und der konnte so gut wie ungehindert den 2:1-Siegtreffer erzielen.

Sheffields Spieler lamentierten und protestierten, die Fans fluchten und zeterten. Alles verhallte. Das einzig Hörbare war der Pfiff zur Anerkennung des Tores und einige Minuten später zum Abpfiff des Spiels. Der Schiedsrichter hatte keine andere Wahl, als diesen sportlich korrekt erzielten Treffer anzuerkennen, auch wenn ein ungeschriebenes Gesetz gebrochen worden war.

Arsenal hatte unsportlich-sportlich das Halbfinale erreicht. Eine Tatsache, die Arsenals Trainer Arsene Wenger die Freude verdarb. Ohne sich mit Spielern oder Präsidium zu besprechen oder nachzufragen, bot er spontan in der anschließenden Pressekonferenz eine Wiederholung des Spiels an. Das hatte es nie zuvor in der 127-jährigen englischen Fußballgeschichte gegeben. »Es gibt die Regeln, aber auch den Geist des Spiels. Manchmal sollte der Geist wichtiger sein«, sagte Wenger und traf mitten ins Herz der eigenen Spieler, der Sheffield-Spieler, der eigenen Fans, der gegnerischen Fans und des englischen Verbandes. Ausgerechnet ein Ausländer (Wenger ist Franzose) zeigte den Engländern, was wahres Fairplay ist.

Auch der Verband setzte sich über alle Regeln hinweg und stimmte der edlen Idee von Arsene Wenger sofort zu. Der Nachholtermin war schnell gefunden. Zehn Tage später. Jetzt musste nur noch der Fußballweltverband FIFA überzeugt werden. Doch die höchsten Fußballrichter in der Schweiz hielten nichts von diesem Fairplay und meldeten Vorbehalte an. »Es wurde gegen keine bestehende Regel verstoßen«, das Spiel sei »regulär zu Ende gegan-

Arsene Wenger, der den Arsenal-Sieg gegen Sheffield nicht geschenkt haben mochte. Sein Kapitän und Abwehrspieler Tony Adams (r.) stimmte ihm da zu.

gen«. Würde dieses Spiel wiederholt werden, »könnte ein gefährlicher Präzedenzfall geschaffen werden«, hieß es aus der Fußballzentrale in Zürich. Doch sie unterschätzten die Wirkung des Wenger-Angebots.

»Ich will gewinnen, ich will erfolgreich sein, aber ich will mit fairen Mitteln gewinnen. Unter keinen Umständen könnte ich im Mai den Pokal in Empfang nehmen, wenn wir das Match gegen Sheffield United nicht wiederholen würden.« Das sagte Arsenals Kapitän Tony Adams.

Auch die Fans des FC Arsenal standen hinter dem Vorstoß Wengers. Sie hätten jede Idee des Trainers, sollte sie noch so verrückt sein, akzeptiert. Zwar war die anfängliche Skepsis gegenüber dem Franzosen, der 1996 für drei Jahre und zwei Millionen englische Pfund unterschrieb, groß. Er krempelte das bestehende Spielsystem um und integrierte viele seiner Landsleute in das englische Team. Das wurde mit Hohn und Spott begleitet. Doch schon im zweiten Jahr hatte der ehemalige Verteidiger des französischen Erstligisten Racing Straßburg die »Gunners«, wie Arsenal liebevoll von den Fans genannt wird, zur Meisterschaft geführt. Dreizehn Punkte holte sein Team in der Saison 1997/98 auf Titelverteidiger Manchester United auf. Anschließend besiegte Arsenal noch Newcastle United im Pokalfinale. Nicht nur für Wenger war es »der größte sportliche Moment«.

So hatte er alle auf seiner Seite. Der »Fairplay-Replay«-Gedanke rollte durch England wie ein Schneeball durch pappigen Schnee. »Ein großes historisches Opfer«, jubelten die Zeitungen. »Wir haben nicht auf ehrliche Weise gewonnen, wie wir es sonst immer tun. Ich hätte auch so gehandelt, wenn der Gegner Manchester United gewesen wäre«, legte Wenger nach. Vielleicht ein wenig dick aufgetragen, aber für eine kurze Zeit erzeugte diese Haltung eine lange vergessene Verschworenheit. Jeder Fußballfan konnte stolz sein, dieser Sportart verfallen zu sein. Jeder durfte sich ein bißchen darin sonnen. Der Autor Nick Hornby widmete ein ganzes Buch dem FC Arsenal. In *Feverpitch* ist nachzulesen, dass Arsenal mehr ist als

Fußball: eine Religion. In diesem Sinne war die Entscheidung der Spielwiederholung so etwas wie das elfte Gebot.

Im Zuge des Fairplay-Geistes wurden die Eintrittspreise um die Hälfte reduziert. Obwohl noch unklar war, ob gespielt wurde, waren die Karten bereits Samstag früh ausverkauft. Diesem vielschichtigen emotionalen Druck konnte auch der Weltverband nicht widerstehen. Bei eine Tagung der FIFA-Regelkommission im walisischen Cardiff fiel die Entscheidung. Einen Tag vor dem vom Verband angesetzten Spieltermin gaben die Gralshüter des Weltverbandes endlich ihr Einverständnis. Die Nation jubelte, die Spieler liefen sich warm. Das Spiel wurde ein zweites Mal angepfiffen.

Die schwarzen Schafe waren für die angereisten 6000 Sheffield-Fans schnell ausgemacht. Jede Aktion von Overmars und Kanu wurde von ihren Pfiffen begleitet. Vorm Spiel musste sich Overmars noch als »Betrüger« beleidigen lassen. Das hinderte ihn nicht daran, erneut zu treffen. 1:0 in der fünfzehnten Minute und diesmal völlig fair und unstrittig erzielt. Bergkamp traf in der 37. Minute. Und als hätte es einen Regisseur gegeben, schoss Morris das Tor zum Endstand von 2:1.

Für Arsene Wenger war »der Geist des Wettbewerbs mit diesem Spiel wiederhergestellt. Damit wurde gezeigt, dass man fair sein und gewinnen kann.«

Am Ende des Jahres bekam er für sein Verhalten den Fairplay-Preis, sogar aus Deutschland. Der Verband Deutscher Sportjournalisten zeichnete den Franzosen für dieses einmalige Fairplay-Verhalten aus.

Bei Bällen aus Pakistan: Der Kampf gegen die Kinderarbeit

Maxi Baki testet in Frankfurt einen neuen »fair gehandelten« Fußball aus Pakistan.

Pakistanische Arbeiter fertigen Fußbälle als Beitrag zur internationalen Kampagne gegen Kinderarbeit. Die Ausschaltung unnötigen Zwischenhandels und ein höherer Exportpreis sollen dazu beitragen, dass Kinder nicht als Näher herangezogen werden.

Ein Dritte-Welt-Laden in München hat es mal ganz hart formuliert: »Die Bälle, die deutsche Sportler üblicherweise spielen, werden unter derart üblen Umständen fertiggestellt, dass sie gleich ein pakistanisches Kind über die Wiese treten können.«

Unter den 25 000 Beschäftigten in der pakistanische Stadt Sialkot (hier werden achtzig Prozent der Bälle hergestellt) seien 7000 Kinder beschäftigt. Schon Vierjährige müssen mithelfen, die Bälle zu nähen. Akkordarbeit statt spielen, Kindergarten oder Schule. Weil das Geld nicht reicht, das die Eltern für ihren Zehn-Stunden-Tag erhalten, schicken sie ihren Nachwuchs in die Fabriken. Die (viel zu) niedrigen Löhne forcieren die Kinderarbeit.

Der »Fair Trade Verein« sorgt seit 1998 dafür, dass Fußbälle, die sie vertreiben, nicht mehr von Kindern genäht werden. Durch Verhandlungen ohne windige Mittelsleute mit den Fabriken und Kontrolle vor Ort konnten sie die Bälle direkt beziehen, den Erwachsenen soviel Gehalt zahlen, dass der Nachwuchs nicht mehr mitarbeiten muss. Als Folge haben sich allerdings die Preise in Europa um rund 35 Prozent erhöht.

In einer Gesellschaft, wo Angebot und Nachfrage die Preise bestimmen, ist das eine schwere Hypothek. Dennoch sind immer mehr Vereine bereit, mehr Geld für die Bälle zu bezahlen, darunter der italienische Spitzen-Klub Inter Mailand und in Deutschland der SC Freiburg. Auch der Deutsche Fußball-Bund unterstützt den Fair-Trade-Verein, ließ die Bälle prüfen. Der DFB bestätigte: »Sie entsprechen unseren und den FIFA-Richtlinien.«

Über 50 000 »kinderfrei genähte« Bälle werden jährlich in Deutschland verkauft. Zwar können die Bundesliga-Vereine nur mit den Bällen ihrer Vertragspartner spielen, aber Volker Finke empfiehlt die »Fair-Trade-Bälle« zum Beispiel für Jugend- und Junioren-Spiele. Auch wuchs durch die öffentliche Aufmerksamkeit der Druck auf Sportfirmen, mehr auf ihre Produktionsstätten zu achten. Vorbildlich seit Jahren die deutsche Firma »adidas«.

Sie kündigte Verträge mit Fabriken, die sich nicht an die Richtlinien hielten.

60
797

Paavo Nurmi und Lucien Duquesne

Der Sturz bei Olympia

Die neunten Olympischen Spiele in Amsterdam 1928 galten als die letzten wirklich friedlichen Spiele. Das Sportereignis, das sich über knapp drei Monate vom 17. Mai bis zum 12. August hinzog, war frei von politischen Fehlleitungen. Die aufkommende wirtschaftliche Depression war noch nicht spürbar. Dazu gab es viele Neuerungen.

Weiße Tauben stiegen bei der Eröffnungsfeier in den Himmel, ein olympisches Feuer wurde entzündet, und endlich durften auch Frauen in den leichtathletischen Disziplinen starten. Sie bekamen mit dem 100- und 800-Meter-Lauf, der 4x100-Meter-Staffel, dem Diskuswurf und dem Hochsprung fünf Disziplinen zugeordnet. Die Athleten freuten sich auf die erste exakt abgemessene 400-Meter-Bahn, die extra für diese Spiele gebaut worden war.

290 Frauen und 2724 Männer nahmen teil, darunter die zwei Stars der Spiele. Der amerikanische Schwimmer Johnny Weismüller, der später durch seine Tarzan-Filme bekannt wurde, und Paavo Nurmi, der bis dahin erfolgreichste Läufer der olympischen Geschichte.

In Finnland wurde ihm noch zu Lebzeiten ein Denkmal in Helsinki gewidmet.

Paavo Nurmi und Lucien Duquesne (r.) laufen bei den Olympischen Spielen in Amsterdam gemeinsam ins Ziel.

Bis zu den Spielen in Amsterdam hatte er schon neun Medaillen gewonnen: achtmal Gold, einmal Silber. Für seine dritten Spiele hatte er sich weitere drei vorgenommen. Im 10 000-Meter-Lauf schaffte er seinen neunten und letzten Sieg bei Olympischen Spielen. Im 5000-Meter-Lauf kämpfte er um Medaille Nummer elf.

Über 3000 Meter Hindernis holte er seine zwölfte und letzte Medaille. Aber beide Male reichte es »nur« zu Silber. In beiden Rennen wurde er von einem Mannschaftsmitglied geschlagen. Der ewig Gejagte wurde langsam müde. Das 3000-Meter-Rennen wurde zu einem denkwürdigen Ereignis, das Nurmi von einem Franzosen geschenkt wurde.

Das Paavo-Nurmi-Denkmal in Helsinki in Erinnerung an den finnischen Ausnahmeathleten

Die Geschichte ist wie folgt überliefert: Als er auf das erste Hindernis mit Wassergraben zulief, passierte Paavo Nurmi ein Missgeschick. Er stürzte über das Hindernis und fiel ins Wasser. Vor ihm lief der Franzose Duquesne. Er hatte den Graben schon überwunden und hörte hinter sich den Sturz. Er drehte sich im Lauf um und sah Paavo Nurmi im Wassergraben liegen. Er zögerte nicht einmal, lief zurück und zog den Finnen aus den Wasser. Dessen weißes Trikot mit der aufgenähten blauweißen Flagge war wie die Hose völlig durchnässt.

Als Nurmi wieder stand, liefen sie sofort weiter. Beide hatten durch »die Rettung« Zeit verloren, die anderen waren schon an ihnen vorbeigezogen. Nurmi führte Duquesne routiniert an die Gruppe heran, beide zogen vorbei und führten das Feld an. Auf der Zielgeraden setzten beide zum Sprint an, Nurmi lag vor Duquesne. Doch wenige Meter vom Zielband entfernt hielt der Finne inne. Diesmal drehte er sich um.

Paavo Nurmi galt als nach innen gekehrter Einzelgänger. Er redete nicht viel. Er lief nur. Als Kind hätte ihm niemand zugetraut, dass er jemals diese Erfolge haben würde. Er galt als untalentiert. Später erkannte ihn jeder an seiner Stoppuhr, ohne die er kein Rennen lief. Er vertraute nur auf seinen Rhythmus, nur Siege zählten. Oft wunderten sich die Zuschauer über seine karge Art, Erfolge zu feiern. Er lachte nicht und verließ ohne ein Wort das Stadion – auch

Neun Goldmedaillen und insgesamt 22 Weltrekorde hat sich Nurmi in den zwanziger Jahren auf den Lang- und Mittelstrecken erlaufen.

wenn er gerade Olympiasieger geworden war.

Genau dieser Paavo Nurmi stand nun kurz vor der Ziellinie und drehte sich um. Und nicht nur das. Er wartete auf den hilfsbereiten Franzosen, wollte ihn als Dank für seine unverhoffte Hilfe vorbeilassen. Er sollte dieses Rennen gewinnen.

Doch Duquesne verweigerte die große Geste, lächelte Nurmi an und gab ihm so zu verstehen, dass nur einem der Vortritt gebührte, nämlich Nurmi.

Die Olympia-Annalen liefern die Zahlen. Nurmi kam knapp zehn Sekunden hinter Toivo Loukola ins Ziel, der lief 9:21,8 Minuten, Nurmi 9:31,2 Minuten. Duquesne landete auf Platz drei, holte Bronze. Angeblich liefen die Beiden gemeinsam durchs Ziel.

»Nur« Platz zwei - es war ein weiteres Zeichen dafür, dass die großartige Karriere des Paavo Nurmi sich dem Ende entgegenneigte. Immerhin zeigte seine biologische Uhr schon die 31. Doch aufhören wollte der große Finne trotzdem nicht. Sein eigenes Ziel war die Teilnahme an den Olympischen Spielen 1932 in Los Angeles. Er wollte im Marathon sein zehntes Gold gewinnen. Doch für diese Spiele wurde er gesperrt. Es hieß, er hätte zu hohe Reisespesen kassiert und somit gegen die Amateurbestimmungen verstoßen. Die Geschichte von Nurmi und dem Franzosen Duquesne ist Lehrmaterial für den Schulunterricht. Sie gilt noch immer als Vorzeigebeispiel für Fairness im Sport.

Thomas Lange und Jüri Jaanson

Die Ruderer – nicht immer Einzelkämpfer

Einer-Ruderer sind Einzelsportler. Sie rudern gegen die Zeit oder die Gegner. Versagen sie, können sie nur sich selbst die Schuld geben. Das Leid, die Schmach, die Enttäuschung oder Schande zu teilen ist ihnen nicht möglich.

Thomas Lange war so ein Einer-Ruderer. Zudem einer der Erfolgreichsten, die Deutschland je hatte. Mit seiner Größe von 191 Zentimetern und 93 Kilogramm Gewicht wurde er 1985 Weltmeister im Zweier, ehe er auf das Einer-Boot umstieg und noch erfolgreicher wurde: WM-Gold 1987, Olympiasieg 1988 in Seoul, drei weitere Weltmeistertitel im Einer.

1991 nach der Weltmeisterschaft in Wien sprach Jüri Jaanson Thomas Lange bei einer darauffolgenden Ruderregatta in Kopenhagen an. Er fragte ihn, ob er nicht anschließend mit ihm und seinem Trainer Lothar Trawiel trainieren könne. Für zwei Wochen, damit er nicht heim nach Estland fahren müsse.

Jüri Jaanson war nicht irgendein Ruderer, sondern zählte zu den stärksten Konkurrenten Langes. Ein Jahr zuvor wurde er Weltmeister. Lange hatte zwar soeben den Weltcup in Dänemark gewonnen, doch beide waren vor allem Konkurrenten.

Zwei Wochen gemeinsam trainieren – das heißt auch die eigenen Trainingsmethoden offenbaren. »Das ist kein Problem. Wir nehmen dich und dein Boot mit nach Halle,« sagte Lange sofort. Später erklärte er: »Jüri hatte kein Geld, und er konnte sich in seiner Heimat nicht optimal vorbereiten. Da war es doch nur allzu verständlich, dass ich meinem alten Freund unter die Arme greife.«

Thomas Lange, der Einzelkämpfer, der so großen Einsatz für seinen Kontrahenten zeigte

Jüri Jaanson startete zu dieser Zeit noch für die Sowjetunion. Die trat in diesem Jahr zum letzten Mal mit einer gemeinsamen Mannschaft bei der Weltmeisterschaft in Wien an. Noch während der Wettkampfwoche zerfiel das Land und somit auch die Mannschaft. Auch Jüris Heimat Estland wurde unabhängig. Dazu kam der Putsch der Konservativen gegen das demokratische Lager. Die Sowjetunion hatte in dieser Zeit genug mit sich selbst zu tun, sie konnte sich nicht um ihre Athleten kümmern.

Das Land, für das er gerade noch gestartet war, gab es nicht mehr. Keiner wusste, was er machen sollte. Selbst eine sichere Rückkehr in die Heimat schien ungewiss. Noch unsicherer war die Finanzierung für Reisen und Trainingslager. Er selbst war immer nur Sportler oder Psychologiestudent. Um Trainingspläne, Trainer und Unterstützung musste er sich nie sorgen. Bislang kam das Geld immer aus Moskau. Doch zahlte nun auch Tallin, die neue Hauptstadt Estlands?

Doch auch Langes Leben befand sich im Umbruch. Sein Vater Gerhard hatte ein Jahr zuvor Selbstmord begangen, sich mit dem Jagdgewehr erschossen. Seine Frau Heike wurde die Anstellung als Trainerin an der Universität in Halle gekündigt. Er musste sich nun alleine um die Familie mit den zwei Söhnen Arne und Martin kümmern. Trotz Existenzsorgen verzichtete er auf die Gewinn bringenden Weltcups, kümmerte sich um sein Studium und legte noch im selben Jahr das Physikum ab. Er musste an die Zukunft denken. »Eine vierköpfige Familie ernähren, das geht nicht nur mit Rudern«, war Langes Erklärung für die Pause.

Erst Ende 1990 entschied er, wieder zu rudern – »richtig zu rudern«, wie er sagte. Vor allem um Sponsoren anzulocken im Hinblick auf die Olympischen Spiele. Zwei Menschen mit zwei bewegenden Geschichten – sie verbrachten jetzt zwei Wochen ein gemeinsames Trainingslager in Langes Heimat Halle. Lange und Trawiel legten Geld zusammen und bezahlten ihm auch die Kosten für die nächste Regatta auf dem Rotsee in Luzern. Geschlafen hat er entweder im Ruderklub des RV Böllberg oder in Trawiels Gästezimmer, Familienanschluss gab es bei Langes daheim. Die Trainingspläne schrieb Trawiel für Beide, gerudert wurde auf dem Saale-Kanal. »Ich bin Beiden unglaublich dankbar«, sagte Jüri immer wieder über diese Zeit.

Thomas Lange bekam für diesen Großmut den Fairplay-Preis des IOC, des Internationalen Olympischen Komitees. Dessen Mitglied Thomas Bach überreichte ihm den Fairplay-Preis mit den Worten: »Wenn ausgemachte Konkurrenten im Geiste der Fairness zu Partnern werden, wenn über geografische, politische und die Grenzen sportlicher Konkurrenz hinaus Rivalen sich die Hand reichen, dann ist das einen Fairplay-Pokal wert.« Und ein Scheck im Wert von 25 000 Mark.

Den Pokal behielt Lange. Doch das Geld teilte er sich mit Jaanson. Beide versprachen, es in die Jugendarbeit ihrer Heimatvereine zu investieren.

Jüri Jaanson flog nach dem Rudersommer zurück nach Estland. Er fühlte sich dort zwar heimisch und sicher, aber Geld gab es keines. Eines wusste er dennoch: Das Rudern wollte er nicht aufgeben! Irgendwie musste er den Winter überbrücken. Er sprach beim nationalen Olympischen Kommitee von Estland und der olympischen Solidargemeinschaft vor, die ihm auch bei der Sponsorensuche halfen. Er konnte weiter rudern. Im nächsten Frühjahr war er wieder bei den Regatten dabei, startete von diesem Zeitpunkt an unter der Fahne Estlands. Und wieder half ihm das deutsche Team ...

Auf Grund einer Überdosis Antibiotika, die er im Alter von zwei Jahren bei einer Infektionskrankheit verabreicht bekam, war er fast taub. Im Olympiasommer 1992 konnte er kaum noch hören. Das Hörgerät war einfach zu alt. Lange vermittelte ihm einen Kontakt zu Achter-Ruderer Ansgar Wessling, einem gelernten Hörgeräte-Akustiker. Als Wessling seinem Arbeitgeber von Jaansons Problem erzählte, spendete der 3600 Mark für ein neues Gerät. Den Rest sammelte Wessling beim Achter-Team ein. Wieder war Jüri Jaanson sehr gerührt. »Sie haben alle mehr für mich getan, als Freunde je tun können.«

Thomas Lange wurde Olympiasieger. Jüri Jaanson kam nicht unter die ersten Drei.

Wolfgang Brinkmann – Die deutschen Reiter und der Teamgeist von Seoul

Er hatte es nie für möglich gehalten, jemals an Olympischen Spielen teil zu nehmen. Wolfgang Brinkmann war Amateur und hatte nicht fünf, sechs Pferde, mit denen er täglich arbeiten konnte und auch nicht die Zeit. Als Sohn eines großes Textilunternehmers kümmerte er sich mehr um die Firma, als dass er ritt. Die Pferde liefen nebenher. »Leider«, erklärte er, »aber jedes Mehr für den Sport müssen meine Mitarbeiter mit tragen.« Das war die Einstellung von Wolfgang Brinkmann.
So war es nur natürlich, dass seine Vitrinen nicht mit großen Pokalen protzten. Dennoch hatte der Unternehmer ab Mitte der achtziger Jahre einen festen Platz auf der Liste von Bundestrainer Herbert Meyer. Der sagte über den Reiter aus Herford: »Er ist ein hervorragender Mannschaftsreiter, der durch seine sicherere, ruhige Art Selbstvertrauen ausstrahlt.«
Zudem verfügte er zu dieser Zeit mit Pedro über ein fabelhaftes Pferd. Brinkmann hatte den Wallach einem westfälischen Bauern für 30 000 Mark abgekauft. Es war im Stande, die knappe Trainingszeit mit Klasse zu kompensieren. 1988 war Brinkmann 38, sein Pferd 10 Jahre alt. Bei den Deutschen Meisterschaften qualifizierten sie sich als vierte Einheit für die Olympischen Spiele in Seoul. Er ließ seinen Betrieb für fast sechs Wochen alleine und sprang im Quartett mit Dirk Hafemeister auf Orchidee, Ludger Beerbaum auf The Freak und Franke Sloothaak auf Walzerkönig zum Olympiasieg.
Da standen die Vier nun in ihren roten Fräcken und den weißen Hemden und schwenkten verschwitzt und glückselig ihre Reiterhüte. »Hätte mir das jemand ein Jahr zuvor gesagt, ich hätte ihn wahrhaftig für verrückt erklärt«, so Brinkmann.
Nur einen Tag später bahnte sich die nächste unglaubliche Geschichte im deutschen Team an. Es ging um die Aufstellung für das Einzelspringen. Neben den Goldspringern hatte sich Ersatzmann Karsten Huck fürs Finale qualifiziert. Er meisterte wie Franke Sloothaak, Dirk Hafemeister und Wolfgang Brinkmann mühelos das Vorspringen. Doch pro Nation sind nur drei Reiter fürs Finale zugelassen. Einer war zuviel. Wieder mal …
Karsten Huck hatte schon bei der Qualifikation für das Mannschaftsspringen auf seinem Wallach Nepomuk überzeugt. Er war so gut wie im Team, weil Ludger Beerbaums Pferd Landlord lahmte. Doch eine halbe Stunde vor der Nationenwertung entschieden alle gemeinsam, dass Beerbaum auf Hafemeisters Ersatzpferd The Freak reiten sollte. Huck war draußen, akzeptierte es jedoch würdevoll. Er stand am Rand und jubelte, als seine Teamkollegen Gold holten.
Meyer musste sich der Logik nach wieder gegen Huck entscheiden. Zwar schied Ludger Beerbaum aus, weil sein Pferd noch immer verletzt war, doch Brinkmann und Pedro waren in bester Verfassung und somit auch Kandidaten für eine Einzelmedaille.
Bevor Herbert Meyer die Nominierung abgab, kam jedoch Wolfgang Brinkmann auf ihn zu. Er sagte: »Ich stelle meinen Platz zur Verfügung. Karsten soll reiten. Ich habe meine Medaille. Das war mehr, als ich erwartet habe.

Karsten Huck, dem Wolfgang Brinkmann durch Startverzicht den Einsatz – und damit die Bronzemedaille – im Einzelspringen ermöglichte

Die siegreiche Springreiter-Equipe von Seoul 1988: Ludger Beerbaum auf The Freak, Wolfgang Brinkmann auf Pedro, Dirk Hafemeister auf Orchidee und Franke Sloothaak auf Walzerkönig

Wir sind schließlich eine Mannschaft und er hat sich die ganze Zeit großartig verhalten.«

Die Entscheidung wurde von allen akzeptiert, und Karsten Huck dankte es mit einer großartigen Leistung. Sloothaak und Hafemeister zeigten Nerven, Huck kontrollierte sie. Er wuchs beim Springen über sich hinaus und gewann die Bronzemedaille hinter dem Franzosen Pierre Durand auf Jappeloup und dem Amerikaner Greg Best auf Gem Twist.

»Ich hatte nichts zu verlieren«, erklärte Huck seine Ritte. Stand er doch nur durch die Verkettung unglaublicher Zufälle in diesem Finale: Bei den Deutschen Meisterschaften, der letzten Qualifikation vor Seoul, wurde er Siebter. Nur die ersten Fünf wurden nominiert. Kurz vor der Abreise verletzten sich Schockemöhles Pferd Deister, dann Snoeks Anataol – Huck und Nepomuk waren nun Nummer fünf und durften so die Reise nach Südkorea antreten.

Huck rechnete sich keine Chance auf einen Einsatz aus. Selbst als Beerbaums Pferd ausfiel, dachte er nicht an einen Wettkampf. Er war schon zufrieden, dass er auf Nepomuk in den beiden Qualifikationen unter Wettkampfbedingungen sein Können abrufen konnte. »Niemals hätte ich mit Wolfgangs Verzicht gerechnet«, sagte er. So stand er an diesem 3. Oktober 1988 im Finale der Olympischen Spiele und erlebte seinen Karrierehöhepunkt mit 42 Jahren. Kaum zu glauben, dass er beinahe sogar Gold geholt hätte. Den ersten Umlauf hatte er fehlerfrei in einer hervorragenden Zeit beendet. Den zweiten und letzten Umlauf begann er genauso hervorragend und sicher. Erst am vorletzten Hindernis blieb Nepomuk hängen – an »Petersens Gartenpforte«.

Karsten Huck war das egal. »Spielt das wirklich eine Rolle?« fragte er. Für ihn zählte nur die Medaille. Nach der Siegerehrung legte er sie ganz behutsam in das Etui, streichelte das Band und sagte: »Du bist wie ein Sieg für mich.« Sein erster Gratulant war Wolfgang Brinkmann. Für Beide war es die einzige und letzte Teilnahme an Olympischen Spielen. Seitdem verbindet sie nicht nur das Erlebnis, sondern auch ihre Geschichte. Jetzt hatte jeder Reiter in Seoul eine Medaille. Brinkmann bekam zusätzlich noch den Fairplay-Preis der Sportjournalisten. Den weißen Löwen aus Porzellan – für die Vitrine.

Ali Rashwan

Auch Silber kann Gold sein

Ägypten ist nicht gerade ein Sammelbecken olympischer Medaillen. Bevor Ali Rashwan 1984 im Judo-Finale von Los Angeles stand, hatte das Land 36 Jahren lang keine Goldmedaille mehr gewonnen. Die Letzten wurden in London 1948 im Gewichtheben vergeben. Die Sieger hießen Ibrahim Shams und Mahmoud Fiad. Eine Zeit, in der Ägypten noch keine Idee vom olympischen Geist hatte.

Vor der Eröffnung der Jahrtausendspiele in Sydney erinnerte sich Mahmoud Fiad noch immer verbittert an diese Zeit zurück: »Auch wenn seit dem Gewinn der Goldmedaille 52 Jahre vergangen sind. Ich weiß alles noch, als wenn es heute gewesen wäre. Wir flogen mit insgesamt fünf olympischen Medaillen zurück, doch niemand erwartete uns. Kein Empfang, keine Ehrung, nur die Flughafenarbeiter.« Das einzige, was sie später bekamen, war eine Versicherungspolice, die erst im Todesfall ausgezahlt wird.

So verwundert es nicht, dass Ägyptens Sportler die letzte Motivation fehlte, große sportliche Leistungen zu vollbringen. Schon gar nicht, wenn die weitere Entwicklung der olympischen Geschichte des Landes betrachtet wird.

Begonnen hat diese ambivalente Liebe 1910 mit dem Eintritt als vierzehntes Mitglied ins Internationale Olympische Kommitee. Der Enthusiasmus war schon zwei Jahre später gebremst: Gerade mal einen Teilnehmer entsandte das Land zu den Spielen nach Stockholm. Es war der Fechter Ahmed Hassanein Pasha.

Immerhin starteten acht Jahre danach schon zwanzig Wettkämpfer und wiederum zwei Olympiaden später holten zwei Gewichtheber Gold und der Wasserspringer Farid Semeika Bronze. Doch mit dem Beginn des neu geweckten sportlichen Interesses begann auch die Zeit der meist politisch motivierten Boykotte.

Die 10. Spiele in Los Angeles 1932 fielen wegen des Protests gegen einen Griechen, der Ägypten im IOC vertrat, aus. Die Spiele in Melbourne 1952 fanden auf Grund von Missstimmungen, die sich gegen England, Frankreich und Israel richteten, ebenfalls ohne Ägypten statt. 1972 zog die ägyptische Regierung wegen des Mordanschlags auf elf Israelis ihre Athleten zurück. 1976 fehlte Ägypten und einige andere afrikanische Länder aus Protest gegen Neuseelands Teilnahme in Montreal. Es ging um deren Apartheidpolitik. Und 1980 in Moskau schlossen sie sich dem allgemeinen Boykott an, der sich gegen den Einmarsch der Sowjetunion in Afghanistan richtete. So kam es seit den fünf Medaillen von 1940 nur noch zu zwei erfolgreichen Auftritte von Ägyptern bei Olympischen Spielen: 1952 in Helsinki und 1960 in Rom.

In Anbetracht dieser Geschichte wird deutlich, dass durch die fehlende Kontinuität ein sportliches Fördersystem keinen Sinn machte und in Ägypten keinesfalls von olympischer Tradition gesprochen werden konnte.

Ein Fakt, der den Auftritt von Ali Rashwan bei den Spielen 1984 in Los Angeles um so heller leuchten lässt.

Ali Rashwan aus Alexandria war mit der Körpergröße von 1,96 Meter und einem Gewicht von 140 Kilogramm definitiv zu schwer und zu muskulös für die Lieblingssportart der Ägypter, den Fußball. Als er 20 Jahre alt war, versuchte er es mit Judo. Eine Sportart, die in seinem Land erstmals in den vierziger Jahren angeboten wurde. Eine Sportart der Ärmeren des Landes. Eine Sportart, die seit seinem Gewinn der Silbermedaille bis zum heutigen Zeitpunkt immer populärer wurde.

Doch das besondere dieser Geschichte ist nicht nur, dass es überhaupt ein Sportler aus Ägypten geschafft hat, eine Medaille zu gewinnen. Sondern vielmehr die Umstände, wieso er nur eine Silbermedaille nach Hause brachte und nicht Gold. Mit seinem einsamen Auftritt auf der Judo-Matte bewies er der Welt, dass gewinnen nicht immer alles ist. Rashwan hatte sich in der offenen Gewichtsklasse mit klaren Siegen ins Finale gekämpft. Die Nachricht von seinem Durchmarsch hatte sich auch in seiner Heimat herumgesprochen. Ein Sieg schien jedoch so gut wie unmöglich, da es sich bei seinem Gegner um die japanische Judo-Legende Yushiro Yamashita handelte. Der war seit 1977 ungeschlagen. Die Olympischen Spiele von 1976 gewann er nur nicht, weil er damals noch zu jung war, um sich qualifizieren zu dürfen. 1980 fehlt er ebenfalls wegen des Olympiaboykotts. Jetzt in Los Angeles war er der Favorit.

Nur wenige Stunden vor dem Finale gegen Ali Rashwan wurde jedoch vermeldet, dass Yamashita an einer Verletzung an der rechten Wade leide und seine Finalteilnahme fraglich sei. Für Ali Rashwan wäre das eine geschenkte Goldmedaille gewesen – die erste nach 36 Jahren.

Selbst für den Fall, dass der Japaner antreten würde, hatte Rashwan eine sehr gute Siegchance. Denn: Ein gesunder Rashwan wäre in jedem Fall besser als ein angeschlagener Yamashita – so wurde in seiner Heimat spekuliert.

Yamashita kniff nicht, er trat trotz starker Schmerzen an. Jeder erwartete jetzt, dass Ali Rashwan die Schwäche des Gegners ausnutzen würde. Doch für den Kämpfer, den die Japaner »Egypt Baby Face« tauften, war es eine Frage des Fairplays: »Ich wollte nicht durch den körperlichen Nachteil von Yamashita gewinnen. Außerdem war es sehr tapfer, dass er sich dem Kampf stellte.« Während des gesamten Wettkampfs schonte er die verletzte Wade des Gegners und verlor. Rashwan wurde in Los Angeles als fairster Olympiateilnehmer gefeiert. In Japan sogar als Held. Er bekam unzählige Fanpost.

In Ägypten fiel der Empfang zwar größer aus als für die Medaillengewinner von 1940, aber auf ein endgültiges Verständnis traf sein Verhalten nicht. Unter Berücksichtigung der ägyptisch-olympischen Geschichte ein wenig verständlich.

Ein Jahr später bekam Rashwan den Fairplay-Preis der UNESCO – und heiratete später eine japanische Frau.

Ringer Weizmann nimmt Rücksicht auf ein verletztes Knie

Respekt vor dem Gegner und dessen Körper dominierte auch bei dem Aalener Bundesliga-Ringer Edmund Weizmann. Für ihn ging es zwar um keine olympische Goldmedaille, auch nicht um Aufmerksamkeit vor der gesamten Sportwelt, aber immerhin darum, den Fairplay-Gedanken über die Pfiffe einer grölenden Zuschauermasse zu stellen.
In der Saison 1985/86 ging es für den KSV Germania Aalen um den Einzug ins Finale der Deutschen Meisterschaft. Verein, Präsidium und Zuschauer erhofften einen Sieg gegen die Traditionsmannschaft aus Schifferstadt. Aalen wollte nach 1979 und 1984 seinen dritten Deutschen Meistertitel feiern, hatte das Team für dieses Ziel verstärkt.
Auf der Matte standen sich die Freistil-Ringer Edmund Weizmann und Karl-Heinz Bulenda in der 74-Kilogramm-Klasse gegenüber. Es ging um jeden Punkt, als sich Bulenda schwer verletzte. Sein Meniskus und die Bänder im Knie waren, wie später diagnostiziert wurde, gerissen. Er blieb dennoch auf der Matte. Für die Zuschauer stand ab diesem Zeitpunkt der Sieger fest: Keine Frage, er konnte nur Weizmann heißen.
Doch Weizmann verzichtete darauf, die Schwäche des Gegners auszunutzen, nahm Rücksicht auf Bulendas schmerzendes Knie, vermied es, ihn dort zu attackieren. Er siegte trotzdem, aber statt 12:0 gewann er nur 11:1 und statt der erwarteten vier Punkte gab es so nur 3,5 Punkte für den Sieg. Genau dieser halbe Punkt fehlte Aalen in der Endabrechnung, um in das Finale einzuziehen.
Die Fans reagierten sauer und buhten Weizmann aus. Doch er blieb hart und seiner Linie treu: »Ich vernichte keinen schwerverletzten Gegner. So etwas mache ich nicht, das ist für mich ein ungeschriebenes Gesetz.«

SPEEDO

Dagmar Hase und Franziska van Almsick

Franzis Gold dank Daggis Verzicht

Aus dem Schwimmsport sind nicht viele Fairplay-Geschichten bekannt. Das kann zum einen daran liegen, dass es sich vorwiegend um faire Wettkämpfer handelt. Eine andere Möglichkeit ist, dass es wenige Gelegenheiten gibt, Fairplay zu zeigen. Wie sollte das im Schwimmbad auf den streng getrennten Bahnen gehen? Einen anderen mitziehen im Wasser? Material verleihen? Eine Fehlentscheidung rückgängig machen? Zumal: Was wäre eine Fehlentscheidung?

Damals, als es noch keine elektronischen Sensoren gab, um die Anschläge bei Wenden und im Ziel kontrollieren zu können, gab es einen einzigartigen Fall von Fairplay. Die holländische Rückenschwimmerin und Weltrekordhalterin Dina Senf verfehlte im 100-Meter-Finale den Anschlag vor der Wende. Ihre Auffassung von Wettkampf und Sport ließ diesen Fehler nicht zu. Sie schwamm zurück, schlug an. Das tat sie mit solch einem Elan und Kampfgeist, dass sie noch Olympia-Rekord schwamm. Das war 1936. Heute wäre für eine solch waghalsige Aktion die Konkurrenz viel zu stark, um doch noch erfolgreich sein zu können.

Später konnten sie wieder lächeln. Franziska van Almsick (l.) hatte ihre Startberechtigung bei der Schwimm-WM in Rom nur dem Rückzug von Dagmar Hase zu verdanken. Franzi machte daraus Gold.

Heute muss es schon etwas Dramatischeres geben, um Fairplay-Geschichte schreiben zu können. Wie bei der Weltmeisterschaft 1994 in Rom.

Franziska van Almsick schlägt auf Bahn acht im Foro Italico an. Die damals 16 Jahre alte Berlinerin starrt an die Ergebnistafel, sieht ihren Namen auf Position eins – und hinter der Zeit blinkt das Weltrekordzeichen, 1:56,78 Minuten. So schnell war noch nie eine Frau

Erst Riesenjubel, dann Tränenströme. Franziska van Almsick ist Weltmeisterin über 200 Meter Freistil – und hat es der fairen Mannschaftskollegin Dagmar Hase zu verdanken.

über 200 Meter Freistil geschwommen. Sie tauchte kurz ab. Als sie wieder ihr Gesicht zeigte, war sie bereit für die Blicke der 8000 Zuschauer. Sie streckte ihnen die Faust entgegen, trödelte ein wenig auf dem Weg zum Beckenrand, zog sich hoch und so schnell wie möglich zurück. In die Arme ihres Trainers Dieter Lindemann. Tränen schossen aus ihren Augen. Denn dieser Weltrekord, ihr größter Triumph dazu, hatte eine Vorgeschichte, die kein Wasserfall der Welt hätte wegschwemmen können.

Franziska van Almsick wurde Weltmeisterin, weil Dagmar Hase auf ihren achten Platz im Endlauf verzichtete. Hätte es die Teamkollegin nicht getan, wäre es Franzi so ergangen wie zehn Jahre zuvor Thomas Fahrner. Er verbummelte sich bei den Olympischen Spielen in Los Angeles im Vorlauf über 400 Meter Freistil, kam als Neunter ins B-Finale und kraulte dort schneller als der spätere Olympiasieger.

Wie er war Franziska van Almsick zu dieser Zeit die beste deutsche Freistil-Schwimmerin. Auch sie hatte sich im Vorlauf zu sehr geschont, schlug nur mit der neuntbesten Zeit an. »Meine eigene Doofheit«, war ihr erstes Fazit mit erstickter Stimme. Ihre nächste Reaktion war die Flucht. Sie verkroch sich unter den Decken und Kissen in ihrem Hotelzimmer und heulte. Dort erhielt sie den Anruf von Trainer Dieter Lindemann. Dagmar Hase hätte auf ihre Finalteilnahme verzichtet, sie könne nachrücken. Sie wollte nicht. »Das kann ich doch nicht annehmen«, sagte sie. Sie hatte noch das Bild von Hase im Kopf, wie diese stolz über die eigene Leistung aus dem Wasser stieg.

Erst als auf van Almsick eingeredet wurde wie auf einen störrischen Esel, gab sie nach. Doch wie sollte sie der Kollegin jemals dafür danken? Wie sollte sie sich ihr gegenüber verhalten?

Dagmar Hase müssen ebenso schwermütige Gedanken geplagt haben. Denn Beide heulten weiter. Wenn auch an unterschiedlichen Orten, so doch zur gleichen Zeit. Die Ereignisse von Rom schienen verworren. Sicher ist nur, dass der Verzicht von Dagmar Hase ein echtes Opfer war und wahrscheinlich nie die Anerkennung bekam, die es verdiente. Die Gründe dafür sind vielschichtig. Einer war der Zeitdruck. Verbandsfunktionäre und Trainer hatten sie schon so kurz nach dem Lauf gefragt, ob sie nicht auf ihren Startplatz zugunsten von van Almsick verzichten wolle. Da hatte Dagmar Hase noch das Glücksgefühl des gelungenen Rennens im Bauch und die Vorbereitung auf das Finale im Kopf. Momente, in denen wohl kein Sportler freiwillig bereit ist, den persönlichen Gewinn mit einem Lächeln wieder herzugeben. Sie tat es dennoch. Die Geste an sich, ob gefragt oder ungefragt, ob zerknirscht oder jovial – sie steht für sich, sie ist bewundernswert.

Dagmar Hase beendet in Perth 1998 mit WM-Gold ihre Schwimm-Laufbahn.

Vielleicht hätten das die Beobachter ähnlich gesehen, wenn nicht die unglückliche Aussage von Franziska van Almsicks Trainer Dieter Lindemann weitere Fragen provoziert hätte. Der sagte: »Man würde sich bei Dagmar Hase für ihren Verzicht erkenntlich zeigen.« Ein fataler Satz, weil es nun so aussah, als würde Dagmar Hase ihren Startplatz verscherbeln. 25 Jahre war die Schwimmerin

aus Magdeburg damals. Ehrgeizig, erfolgreich und doch konnte sie in diesen Stunden nur unglücklich aussehen. Franziska van Almsick verteidigte sie: »Leute, die so etwas behaupten, verachte ich. Diese Aktion von Daggi ist ein gutes Beispiel dafür, dass es wenigstens im Sport noch fair zugeht.« Es half nichts, das Image von Dagmar Hase verzerrte sich weiter.

Schon seit den Olympischen Spielen in Barcelona galt sie als heulendes blondes Bündel. Damals hatte sie Gold über 400 Meter Freistil gewonnen. Kurz zuvor war ihre Freundin Astrid Strauß wegen Dopings suspendiert worden. Sie hatte es nicht verstanden. Beide hatten jahrelang zusammen trainiert. Als ihr der damaligen Dopingbeauftragte Harm Beyer die Medaille umhängte, brachen Wut, Verzweiflung und Ohnmacht aus ihr heraus. Beyer kämpfte bei den Spielen gegen Doping und sprach sich gleichzeitig öffentlich für die Freigabe leistungsfördernder Mittel aus. Sie schimpfte auf ihn vor laufender Kamera. Ihre Leistung wurde von diesem Auftritt erdrückt. Das Bild der weinenden Dagmar Hase hatte einen festen Platz im Gedächtnis gefunden.

In Rom kam nun ein weiteres hinzu, das wie ein Panaromafoto zum vorhandenen passte. Wieder sahen sie alle weinen, weil sie nicht strahlen wollte, als sie sich ihren Finalstartplatz verschenkte.

Statt Fairplay-Preisen empfing sie Fragen, die sie immer wieder mit den gleichen Worten beantwortete: »Niemand hat mich gezwungen. Ich habe verzichtet, weil Franziska eh schneller gewesen wäre.« Als diese als Weltmeisterin gefeiert wurde, wusste sie, wem sie diese Medaille zu verdanken hatte: »Das werde ich auch niemals vergessen.«

Klaus Steinbach: Ein Schwimmer, der als Funktionär glänzt

Er hat eine Vergangenheit als kritischer Sportler. Er ist von Beruf Chefarzt. Und er übt seine Aufgabe als Funktionär des nationalen Olympischen Komitees mit dem Ruf aus, die Sportler »richtig gern zu haben« (Franziska von Almsick). Allein diese Kombination ist schon eine Seltenheit in Deutschland. Der ehemalige Olympiaschwimmer Dr. Klaus Steinbach ist ein Ausnahme. Trotz seiner Erfolge (18 Medaillen bei Großereignissen bis Ende der achtziger Jahre) hat er sich immer für den Nachwuchs eingesetzt. Für diese vorbildliche Haltung im Sport überreichte ihm NOK-Präsident Willi Daume 1982 die Fairplay-Trophäe der UNESCO. Als Arzt nutzte er seine Position, um auf Doping-Probleme aufmerksam zu machen. So scheute er nicht, sich als Vereinsarzt des damaligen Fußballbundesliga-Vereins FC Homburg mit dem DFB anzulegen, er warf ihm »inkonsequente Haltung beim Thema Doping« vor. Seit 1997 arbeitet er im Bereich Leistungssport für das NOK. Bei den Olympischen Spielen in Sydney betreute er das deutsche Team mit dem Vorsatz: »Ich werde mich anstrengen, um die Erwartungen der Athleten zu erfüllen.« Willi Daume sagte einmal über Klaus Steinbach, er sei ein Mensch, der sich »nie in den Vordergrund drängt«. Oder umgekehrt betrachtet: einer, der auch anderen den Vortritt lässt – eine weitere Art von Fairplay.

Dr. Klaus Steinbach, Präsidiumsmitglied des NOK für Deutschland

Klaus Steinbach bei den Deutschen Schwimmmeisterschaften 1979, als er um seinen 25. Deutschen Meistertitel kämpfte

Roland Böse und Niko Ott

Gold im Achter – und ein Ersatzmann wird zum Helden

Meyer und Schreyer, sie springen von den Stemmbrettern. Sie reißen ihre Kameraden mit, und das Boot führt. Australien läuft auf. Mit jedem Schlag kommt Australien Zentimeter um Zentimeter in das deutsche Boot hinein. Aber jetzt, jetzt kommt der Schlussspurt des Deutschland-Achters. Meter um Meter ziehen die Deutschen mit ihren gewaltigen Schlägen den anderen auf und davon. Deutschland wird Sieger, Australien Zweiter, der sowjetische Achter Dritter. Vierter Neuseeland, und in diesem Augenblick Gold, Gold, Gold für den Deutschland-Achter! Meyer bricht im Boot zusammen. Das war die Arbeit eines großen Schlagmannes, eines der größten der letzten Jahrzehnte. Auf diese Stunde hat er gehofft, für diese Stunde hat er gearbeitet, und in dieser Stunde darf er triumphieren. Der deutsche Achter hat Gold gewonnen, Gold vor Australien.« So endete der Originalkommentar aus dem Jahr 1968 von den Olympischen Spielen in Mexiko.

Nach 800 Metern lag der Deutschland-Achter noch auf Platz vier, überholte alle, setzte sich an die Spitze, als nach 1500 Metern wieder die anderen Nationen aufkamen. Doch dann kam dieser unnachahmliche und 500 Meter lange Endspurt.

Der Gold-Achter von Mexiko nimmt seinen Lohn entgegen, v.l.: Niko Ott, Jörg Siebert, Egbert Hirschfelder, Wolfgang Hottenrott, Lutz Ulbricht, Rüdiger Henning, Dirk Schreyer, Horst Meyer und Steuermann Günther Thiersch.

Der Sieg des Deutschland-Achters – besonders und einmalig wie kein anderer. Steuermann Günther Thiersch (damals 14 Jahre) erzählte: »Ich habe sie angebrüllt, weil sie teilweise nur noch im halben Koma gezogen haben.« Durch die sauerstoffarme Luft der mexikanischen Hochebene wurden die Lungen nicht mehr ausreichend mit Sauerstoff versorgt.

Dieser Sieg war jedoch wegen einer anderen Geschichte noch mal so besonders und noch mal so einmalig. Nur wenige Stunden vorher fiel ein Mitglied des lange eingefahrenen Achters aus – Roland Böse. Ein Drama für die Mannschaft.

Böse hatte Schluckbeschwerden und ging am Tag vor dem Finale zum damaligen (inzwischen verstorbenen) Mannschaftsarzt Prof. Dr. Keul. Der Ruderer erzählt: »Ich berichtete ihm von meinen Beschwerden, als sich herausstellte, dass es eine leichte Angina ist. Ich mochte es nicht glauben, ich war den Vorlauf gerudert, hatte trainiert. Aber ich vertraute auch unserem Arzt. Er sagte, wenn das Fieber weg sei, könnte ich rudern. Doch mit Fieber sei das Risiko viel zu groß.«

Noch in der Nacht suchte Böse seinen Mannschaftskameraden Niko Ott auf. Der war mit dem Vierer im Vorlauf ausgeschieden. Sie fanden sich im Olympiadorf, er hatte sich einen U-Boot-Film im Kino angeschaut. Ott erzählte: »Ich kam raus, und da stand einer von ihnen. Sie hatten alle Ausgänge besetzt. Sie sagten, dass ich am nächsten Morgen unbedingt mitrudern sollte. Ich kannte die meisten, hatte schon häufiger mit ihnen trainiert. Ein Jahr zuvor sogar noch im Achter.«

Am nächsten Morgen um 7 Uhr stand er beim ersten Training. 120 Schläge den Kanal hoch, 120 Schläge den Kanal runter. Mittags um 2 Uhr war das Finale. Ott: »Ich wusste, dass ich jemandem den Platz wegnehme, aber es war andererseits auch meine einmalige Chance. Ich hatte mich nach unserem Ausscheiden im Vierer nicht gehen lassen, und ich wusste: Rudern kann ich auch noch.«

Für Roland Böse aber waren es traurige Stunden. Er hatte trainiert und geschuftet für diesen einen Moment, für dieses eine Ziel, für Gold bei Olympia. Und jetzt das. »Ich konnte die ganze Nacht nicht schlafen. Ich heulte wie ein kleiner Junge.« Dazu plagten ihn Schuldgefühle, weil er sich schuldig fühlte, seine Mannschaft im Stich gelassen zu haben. »Für den Fall, dass es schief gegangen wäre, hatte ich Angst, dass jemand mit dem Finger auf mich deutet und fragt ›warum bist du nicht gerudert?‹.«

Schlagmann Dr. Horst Meyer wusste, was in seinem Teamkollegen vorging: »Das ist für denjenigen, der ausgetauscht werden muss, eine dramatische Sache. Man kann gar nicht nachvollziehen, was bei Roland menschlich abgelaufen ist. Wir haben es umgedreht. Wir haben gesagt, dass wir zehn sind und er dazu beigetragen hat, dass wir überhaupt so weit gekommen sind. Er gehörte schlichtweg dazu. Das konnte man damals nicht ignorieren, und das kann man heute auch nicht.«

Doch genau dieser Tausch wurde für die Mannschaft zur besonderen Herausforderung. Denn sie, die Mannschaft, hatten Niko Ott ausgewählt, nicht ihr Trainer Karl Adam. Er hatte jemand anderen ausgesucht, doch die Mannschaft hatte sich gegen ihn durchgesetzt. Sie wollten ihm nun mit aller Macht beweisen, dass ihre Wahl die richtige war.

Ott wusste das: »Die Zeit vor dem Startschuss war dramatisch. Die Stunden gingen an die Nerven. Doch wenn der Startschuss fällt, gehörst Du einfach nur dazu. Da müssen die Nerven über Bord, du gibst dein Bestes und ruderst so fest und so stark, wie du kannst.«

Roland Böse stand am Ufer: »Ich habe es mir natürlich angeschaut. Sechs lange Minuten. Ich war unglaublich erleichtert, als sie im Ziel waren. Es ging alles gut, zum Glück.«

Nur einmal wurde er noch wehmütig – bei der Siegerehrung. »Da hätte ich auch gerne die Goldmedaille gehabt.«

Was er nicht wusste: Niko Ott hatte sich schon vor dem Rennen überlegt, was er im Falle eines Medaillengewinnes machen wollte. Seine Medaille sollte Roland Böse gehören.

An der Regattastrecke trafen sich die Beiden. Roland Böse erzählt: »Er sagte: ›Hier Roland, die Goldmedaille gehört eigentlich dir.‹ Zuerst wollte ich sie ablehnen, aber dann habe ich sie doch genommen. Ich denke, das war in Ordnung. Noch lieber hätte ich im Boot gesessen. Ich fand das von Niko sehr toll und sehr fair.«

Wie sehr diese dramatischen Stunden an Roland Böse nagten, bewiesen die nächsten Jahre. Vier Jahre lang setzte er sich in kein Ruderboot mehr.

Chris Evert: »Was habe ich schon geleistet?«

Adolf Seeger (l.), Weltmeister im Freistil-Ringen, wird im März 1978 mit der Fairplay-Trophäe ausgezeichnet. Stifter Max Schmeling (M.) überreicht den Wanderpreis, assistiert vom Preisträger des Vorjahrs, Rad-Trainer Gustav Kilian.

Die Liste ist lang. Die amerikanischen Tennisspieler Arthur Ashe, Chris Evert, ihr schwedischer Kollege Mats Wilander, die tschechische Gymnastin Vera Caslavska, die Schweizer Skifahrer Pirmin Zurbriggen und Vreni Schneider, Radfahr-Legende Gustav Kilian oder Fausto Coppi, der Läufer Emil Zatopek, die Fußball-Stars Bobby Charlton, Dino Zoff, Michel Platini, Pelé, der Mainzer Sportwissenschafter Berno Wischmann, der Boxer Nelson Mandela, der norwegische Skispringer Espen Bredesen, der Ringer Adolf Seeger oder der finnische Langläufer Juha Mieto – sie alle haben Fairplay-Preise für ihr Lebenswerk erhalten. Oder sind zu Jahrhundert-, Jahrtausend- oder Weltsportlern gewählt worden.

Große Auszeichnungen für große Athleten. Auszeichnungen, die sie selbst oft gar nicht verstehen konnten. So sagte Arthur Ashe: »Wenn man mit meiner Hautfarbe täglich in der Zeitung steht, kommt man gar nicht drum herum, sich für die Belange der Schwarzen einzusetzen.« Chris Evert fragte: »Was habe ich schon getan?« Oder Emil Zatopek, der immer wieder bemerkte: »Ich bin doch nur gelaufen.«

Ob mit Rücksicht gefahren, in Eintracht gelaufen, Umwege gedribbelt statt bissig durch die Mitte, ob Gutes getan oder Schlechtes verhindert – mit Sicherheit ist das diesen Sportlern nicht ihr ganzes Leben lang gelungen. Dennoch sind sie alle im Laufe ihrer langen Karrieren der Idee des Fairplay sehr nahe gekommen. Und was nie in Vergessenheit geraten darf: All diese Sportler haben über einen langen Zeitraum ihre Leistung auf höchstem Niveau gehalten, die Zuschauer mit dem Besten, was sie zu leisten vermochten, verwöhnt. Auch das ist fair.

Ein Finne halbierte die Goldmedaille

Die finnischen Läufer zählten zwischen 1924 und 1932 zu den weltbesten Athleten auf den Langstrecken zwischen 1500 Metern bis zum Marathon. So gab es auch bei den Olympischen Spielen 1932 in Los Angeles nur einen Konkurrenten, auf den Lauri Lethinen beim 5000-Meter-Finale achten musste – den Amerikaner Ralph Hill.

Was den Amerikaner besonders gefährlich machte, war der gewaltige Zuspruch der 80 000 eigenen Fans, der ihn über die 12,5 Runden nach vorne trieb. Sie verfolgten jeden Schritt der beiden Läufer, die sich einem anstrengenden wie einsamen Zweikampf hingaben, dem der Rest des Feldes nicht mehr folgen konnte. Mal führte Lethinen, dann forcierte Hill das Tempo und setzte sich an die Spitze. Keiner konnte dem anderen entscheidende Meter ablaufen.

Auch den Endspurt setzten sie gemeinsam an. Hill wollte innen an dem Finnen vorbeiziehen, doch der machte die Lücke zu und sprintete los. Die Zuschauer schrieen vor Wut, der Amerikaner musste es jetzt über den längeren Außenweg versuchen. Er griff erneut an, doch nun fehlte ihm die Kraft. Lethinen lief nach 14:30,4 Minuten als Sieger durchs Ziel. Doch seine Freude verpuffte im Protestgebrüll der Zuschauer.

Sogar der Stadionsprecher musste eingreifen, um die Buh-Rufe verstummen zu lassen. »Liebe Damen und Herren, erinnern Sie sich bitte daran, dass es sich hier um unsere Gäste handelt.« Dennoch beriet sich das Schiedsgericht mehrere Stunden über Recht und Unrecht in diesem Rennen. Doch bevor sie zu einem Ergebnis kamen, beendete Ralph Hill die Diskussion. Auf die Frage, ob der Finne unfair gelaufen sei, sagte er: »Nein, ist er nicht.« Lethinen war überwältigt von dieser Geste. Bei der Siegeshymne bot er Hill einen Platz auf dem Siegespodest an. Das versöhnte auch das Publikum endgültig, sie entschuldigten sich mit Applaus.

Einige Wochen später fand Ralph Hill ein Päckchen im Briefkasten. Inhalt: die Hälfte einer Goldmedaille. Lauri Lethinen hatte sie ihm geschickt.

Wenn das Publikum zum Ereignis wird

Was geschieht, wenn 110 000 Menschen Freude und Glücksgefühle in sich tragen?

Alle auf einmal, alle an einem Ort, Schulter an Schulter, vielleicht sogar Hand in Hand?

So geschehen bei der Eröffnungsfeier der Olympischen Spiele in Sydney im Jahre 2000. Dort entstand eine ungeahnte positive Energie, die sogar durch die Fernsehapparate der bis zu 3,7 Milliarden Menschen in die Häuser strahlte. Momente, in denen manch einer glaubte, einen Blick auf den olympischen Geist erhascht zu haben.

Ähnliche Gefühle wurden bisher nur bei den Olympischen Winterspielen in Lillehammer 1994 und der Leichtathletik-Weltmeisterschaft in Stuttgart ein Jahr zuvor beobachtet. Idealfälle, wenn es um die positive Beurteilung der Symbiose zwischen Zuschauern und Sportlern geht – leider ein seltenes Phänomen. Zeitzeugen behaupten, die ersten Olympischen Winterspiele 1924 in Chamonix hätten eine ähnliche positive Wirkung verbreitet. Doch das ist lange her und die Möglichkeiten, die ganze Welt zu erreichen, waren damals begrenzt.

Stuttgart 1993: Starken Rückhalt finden die Athleten bei den Leichtathletik-Weltmeisterschaften durch ein begeistertes Publikum. Gail Devers konzentriert sich auf den Start über 100 Meter Hürden.

Warum es nur wenigen Austragungsorten gelingt, diesen Geist herbeizuzaubern, ist ein weiteres Mysterium und so unberechenbar wie die sportlichen Ergebnisse. Doch weil es so ist, wie es ist, bleiben genau diese Großereignisse in den Gedächtnissen hängen wie der Wind in den Baumwipfeln. Die Erinnerungen wiegen sich wie Geher auf ihren letzten Metern ins Ziel, wirbeln wie Eiskunstläufer

bei einer Pirouette und verschwimmen wieder wie Marathonläufer am Horizont. Das Geräusch von flatternden Fähnchen, Anfeuerungsrufen und Applaus mischt sich angenehm dazu.

Es bleibt nur Genießen des Gewesenen, ein Verinnerlichen des Erlebten und Gesehenen.

Momentaufnahmen aus Sydney, Lillehammer und Stuttgart.

Sydney. 50 000 freiwillige Helfer rund um die Stadt und Sportstätten verteilt, die schon knapp nach Sonnenaufgang ansteckend freundlich den Weg weisen, als gäbe es das Phänomen der Morgenmüdigkeit in Australien nicht.

Stuttgart. Ausverkaufte Ränge im Gottlieb-Daimler-Stadion, auch in den Ecken der Hammerwerfer und Kugelstoßer, wo sich sonst nur Angehörige und Trainer hinverirren.

Lillehammer. Zur Erinnerung die Worte von UNESCO-General-Direktor Federico Mayor: »Während der Olympischen Spiele in Lillehammer haben die Norweger ein Fenster der Hoffnung für Fairplay geöffnet. Sie schafften es vor allem mit ihrer ermutigenden Haltung und Respekt gegenüber jedem Wettkämpfer.«

Die Erinnerungen gehen weiter.

Sydney. Die australischen Zuschauer sind neugierig auf alle

Ein dichtes Spalier bilden die Zuschauer von Lillehammer bei den Olympischen Winterspielen 1994 entlang der Langlauf-Loipe und feuern nicht nur ihre Landsleute an.

Sportarten. Auch auf jene, die sie kaum kennen – wie Handball. Bis Mitternacht mussten die Kartenhäuschen geöffnet haben, um den Ansturm zu bewältigen. Schnell hatten die Menschen dort verstanden, dass hinter jeder olympischen Teilnahme, sollte die Sportart noch so verrückt sein, enorme Arbeit steckt. Und die wollten sie gebührend belohnen. Auch wenn es, wie im Fall von Schwimmer Eric Moussambani aus Guinea über 100 Meter Freistil, einzig darum ging, den Kopf über Wasser zu halten. Er brauchte allein für die zweite Bahn so lange wie seine Muskel bepackten Schwimmkollegen für die ganze Strecke.

Lillehammer. Keine Hysterie in den Stadien, keine Schlachtgesänge auf den Straßen, kein Gegröle an den Schanzen und keine enttäuschten Pfiffe an den Loipen. Die Norweger machten jeden Sportler zu einem Einheimischen. Sie erschienen täglich gelassen und gut gelaunt mit Anorak, Rucksack und warmem Schuhwerk. Desweiteren ausgerüstet mit einem Selbstverständnis für Kälte, Schnee und den Wintersport, der seit den ersten Holmenkollen-Spiele im Jahre 1882 auch einen Teil des Nationalstolz prägt.

Stuttgart. Das Publikum zeigt den Athleten, dass es sich mit ihrer Sportart auseinander gesetzt hat. Die Zuschauer gingen bedacht mit

Sydney 2000: Vom ersten Tag der Eröffnung bis zum letzten Tag der Schlusszeremonie feiern die Zuschauer die Sportler aus aller Welt. Das Publikum wird zum Ereignis.

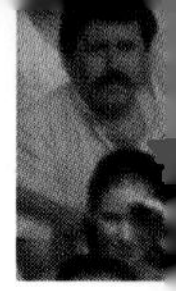

Leistungen um, bejubelten, was es zu bejubeln gab. Sie erkannten fachkundig, wenn die Teilnehmer ihre Ziele nicht erreichten, munterten für den nächsten Versuch auf. Sie konnten jedes Ergebnis einordnen und so Außenseitererfolge mit Applaus huldigen sowie Misserfolge durch respektvolles Schweigen ein wenig mildern.

Es gehört demnach mehr zu einem fairen Publikum als ein paar Gänsehautmomente oder ausverkaufte Stadien. Die gab und gibt es bei jedem Fußball-Großereignis. Da reicht ein Gedanke an die Europameisterschaft in England. Berauschend wie die englischen Fans »Football ist coming home« sangen. Oder ein Blick jedes Jahr in das Letzigrundstadion von Zürich. Auch im Jahr 2001 war das Leichtathletik-Meeting ausverkauft. Ein ergreifender Moment, wie die 23 000 Fans aufstanden, als der amerikanische Rekord-Weltmeister Michael Johnson seine Abschiedsrunde lief.

Aber mit dem Publikum verhält es sich wie mit dem Sportler. Auch die Konstanz trägt zu einem Gesamtbild bei – Freundlichkeit und Hilfsbereitschaft über mehrere Tage sowie das Ausbleiben von Schreckensnachrichten von Bombenanschläge und Hooligan-Ausschreitungen prägen eine Veranstaltung ebenso wie Pathos und Masse.

Die Sportfans von Lillehammer, Stuttgart und Sydney haben es geschafft, das Bild der zunehmend geldgierigen Sportwelt für ein paar Tage zu verändern.

Vielleicht ist Nähe das Zauberwort, das ein Publikum einmalig macht.

Sydney, nie war Australien der Welt so nah.

Stuttgart, nie war ein Publikum den Athleten so nah.

Lillehammer, nie war eine Nation dem Sport so nah.

»Best games ever« hieß es für Australien. Nahezu eine Standardfloskel, die durch Sydney doch neue Bedeutung bekam.

Stuttgart dient seit 1993 als uneingeschränktes Vorbild.

Der Fairplay-Preis der UNESCO ging an die Bevölkerung Norwegens.

Diese Menschen gaben uns eine Ahnung – eine schöne Vision.

Faire Freiburger Fans. Bei einem Bundesliga-Heimspiel des SC Freiburg wurde Bayerns Torhüter Oliver Kahn durch einen Golfball verletzt, der aus dem Publikum heraus geworfen wurde. Beim nächsten Besuch der Bayern im Dreisamstadion entschuldigen sich die Freiburger Fans für den Vorfall.

Wie Journalismus und Fairplay zusammenpassen

Im Jahre 1994 wurde ein Ehrenkodex für den Sportjournalismus formuliert. Der lautet wie folgt: »Im Umgang mit Beteiligten und Betroffenen sind die Würde des Einzelnen, der Schutz seiner Persönlichkeit und seiner Intimsphäre zu achten.«

Die Snowboard-Olympiasiegerin Nicola Thost drückte es anders aus, antwortete auf die Frage nach ihrer Einstellung zu Medien: »Leben und leben lassen.«

Wahrscheinlich hatte sie es satt, zum x-ten Mal zu erklären, dass die Snowboarder nicht nur ein Haufen durchgeknallter Kiffer und Party-Gänger sind. Intensiver betrachtet heißt ihre Aussage: Ich habe mein Leben, ihr habt eures. Lasst es uns gegenseitig akzeptieren. Eine schwere Aufgabe im sensiblen Geflecht zwischen Sport und Medien.

Um nicht zu richten und anzuprangern, wird seit 1993 belohnt. Medienprofessor Dr. Dr. h.c. Josef Hackforth beobachtet seit Jahrzehnten die Entwicklung der Medien im Sport: Seitenhiebe, Lobeshymnen, Ausfälle, Einfälle, Voyeurismus, Abstand, Nähe, Ver- und Beurteilung. Es entstand die Idee, einen Preis für Journalisten in den Bereichen Zeitungen, Zeitschriften, Bücher, Hörfunk, TV und seit einiger Zeit auch im Internet zu vergeben: für fairen, respektvollen und würdevollen Umgang mit dem Sport und den Sportlern. Mit dem Sparkassen- und Giroverband schloss sich ein starker Partner seiner Idee an. 1993 wurde erstmals der Fairplay-Preis für Sportjournalisten vergeben.

In seiner Laudatio im Jahre 1998 sagte Hackforth: »Wenn 86

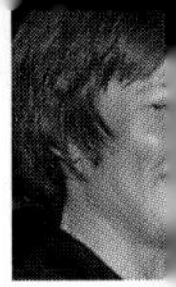

Prozent der Sportjournalisten der Meinung sind, sie hätten Macht und Einfluss, dann gilt es, den sensiblen und vorsichtigen Umgang damit zu pflegen.«

Was ist sensibel, was ist vorsichtig? Fest steht: Es ist nicht immer einfach, fair zu sein. Das spürte sogar das Gremium. Es muss eine Auswahl treffen, selektieren, einteilen in preisverdächtig, gut und weniger geeignet. Sicher subjektiv, weil von Menschen mit eigenen Vorstellungen und Vorlieben ausgewählt wird. Ausgrenzend, weil nicht alle geehrt werden können. »Sorry!«, entschuldigten sich die Initiatoren und formulierten ein neues Motto: »Mitmachen aus Überzeugung.« Ein gelungener Konsens, denn waren es vor den ersten Verleihungen noch 36 Einsendungen, landeten 2000 schon 121 Beiträge beim Kommitee. Schrieb Evi Simeoni, Autorin der *Frankfurter Allgemeinen Zeitung* in ihrem prämierten Artikel 1998 über Fairplay, dass »das Bedürfnis danach häufig größer sein mag als die Bereitschaft«, so gilt das für den Fairplay-Preis für Sportjournalismus zumindest laut Zahlen nicht.

Erstaunlicherweise schon gar nicht in Jahren, in denen Olympische Spiele stattfinden. Eigentlich ein Widerspruch, denn gerade bei diesem Großereignis zerreißen sich Journalisten wie Zuschauer zwischen enttäuschten Erwartungen, verbummelten Medaillen, schnell geborenen Helden. Da wird täglich eine goldene Hochrechnung aus Funktionären gepresst. Länder, die dem eigenen vielleicht den Rang in der Liste ablaufen, schwimmen, werfen, springen und schießen könnten, werden nach den ersten gesammelten Eindrücken schon mal hastig in die Dopingecke reinspekuliert. Es gibt wenig Entschuldigungen für Schnellschüsse, aber auch viele durchaus menschliche Gründe dafür: Druck, Hast, Sympathien, Antipathien sowie Patriotismus und Neid. Eigenschaften, die kontraproduktiv zum Fairplay-Gedanken stehen.

Holger Gertz bekam den ersten Preis im Jahr 2000 für eine Reportage in der *Süddeutschen Zeitung*. Sein ungewöhnlicher Ansatz zur Betrachtung der Leistungsentwicklung überzeugte die Jury. Sein Text begann mit der Analyse eines Plakats der Sportartikelfirma Nike. Es zeigte die Sprinterin Marion Jones in einen Ganz-

Bundesinnenminister Otto Schily übergibt im Mai 2001 die "Goldene Sportpyramide" der Stiftung Deutsche Sporthilfe an die wohl populärste deutsche Ski-Rennfahrerin Rosi Mittermaier. Vier Jahre zuvor war sie vom Europäischen Parlament zur ersten deutschen »Botschafterin für Sport, Toleranz und Fairplay« ernannt worden. Die »Goldene Sportpyramide« geht alljährlich an einen deutschen Sportler für dessen sportliches, berufliches und soziales Lebenswerk.

körper-Anzug. Am unteren Ende stand: »Make them doubt« (Bringe sie zum Zweifeln).

Der Betrachter sollte sich fragen, wie eine Frau so schnell laufen kann wie die hoch gewachsene Amerikanerin. Die Antwort sollte wohl in den Schuhen oder dem hautengen Anzug liegen. Der Autor fand jedoch auch andere Dinge zu zweifeln, suchte in vergangenen Dopingfällen nach Antworten auf jährliche Rekorde. Er kam zum Zwischenfazit, dass »das deutsche Dopingkontrollsystem eines der strengsten der Welt ist und die ganzen deutschen Versager bei Olympia in Wahrheit vielleicht gar nicht schlechter sind als die anderen, sondern ehrlicher«. Sein Artikel endete mit der Frage, an was wir überhaupt zweifeln sollen?

Wie im Sport gibt es auch im Journalismus unterschiedliche Ausdrucksformen des Fairplay. So bekam der Fernsehjournalist Jörg Dahlmann (damals SAT.1) 1998 für sein humorvolles Aufdecken eines Wechselfehlers in der Fußball-Bundesliga den ersten

Preis. Otto Rehhagel hatte mit dem Nigerianer Ojigwe einen vierten nicht europäischen Ausländer eingewechselt. Als es ihm selbst auffiel, versuchte er dies zu vertuschen, wurde aber gestellt – von den Kameras. »Journalistische Detektivarbeit ohne erhobenen Zeigefinger«, lobte die Jury.

Ein Jahr später wurde eine ungewöhnlich aufwändig recherchierte Reportage des *Spiegel*-Autors Michael Wulzinger über den Freitod des homosexuellen Fußballers Justin Fashanu prämiert. Der Stürmer, der durch ein einmaliges Tor aus einer 180-Grad-Drehung für seinen Club Norwich City gegen den FC Liverpool trifft. Seine erlangte Berühmtheit nutzte er, um sich als erster Spieler mit seinen sexuellen Neigungen zu outen. Er zerbrach daran.

Eine aufwühlende Geschichte. Ohne moralische Instanz zu sein, zeigte der Autor, dass die von Männern geprägte Fußballwelt noch nicht bereit ist für eine persönliche Gegebenheit, die in der Künstler- und Politiker-Welt längst zum Alltag gehört.

Über den Sinn und Unsinn der Verleihungen von Fairplay-Preisen kann immer diskutiert werden. Ob UNESCO, FIFA, Deutscher Sport-Bund – sie alle, die sie Preise für Fairness vergeben, müssen sich auch mit dem traurigen Umkehrschluss der Verleihungen befassen. Denn noch immer ist der Umgang mit diesem ethischen Wert nicht die Regel, sondern die Ausnahme. Das ist sicherlich keine neue Erkenntnis, zumal gerne in diesem Zusammenhang das Spiegelbild der Gesellschaft angeführt wird.

Doch gerade auch aus diesem Grund ist es schön, um den Bestand dieses Wertes zu wissen. Denn wir alle wissen, wie schnell in der Hektik des Spiels, in der Hast des Journalistenalltags und im Hochgefühl der Zuschauer Werte wie Respekt, Anstand oder auch Hilfsbereitschaft verloren gehen. Und dann ist es gut, dass wir ab und zu daran erinnert werden, dass es diese doch noch gibt.

Die große Geste von Bernhard Langer

Bernhard Langer nach seinem Erfolg in Noordwijk, dem insgesamt dritten bei den Dutch Open

Bernhard Langer befand sich am 29. Juli 2001 im Stechen zu den TNT Dutch Open auf dem Küstenplatz von Noordwijk. Zuvor hatte er einen Rückstand von zwei Schlägen auf den führenden Briten Warren Bennett in einer Aufholjagd zwischen Loch 15 und 18 wett gemacht. Der Turniersieg wurde im Stechen entschieden, das letzte Loch

wurde erneut gespielt. Nach zwei Schlägen lagen Beide auf dem Grün, Beide sieben bis acht Meter vor der Fahne. Langer puttet zuerst – vorbei. Er spielt Par.

Nun ist Bennett an der Reihe. Locht er ein, spielt er Birdie, kann er nur wenige Minuten später den Pokal und 300 000 Euro entgegennehmen. Aber auch er verpasst den ersten Put. Der Ball liegt siebzig Zentimeter vom Loch entfernt. Das Par zum erneuten Par und zur Verlängerung ist aus dieser Entfernung reine Golfer-Routine. Doch der Ball schrammt die linke Lochseite und läuft vorbei.

So siegt Langer zum 37. Mal in seiner Profikarriere. Doch wer denkt, bei Langer wäre auch das Siegen längst Routine, muss wissen, dass dies sein erster Triumph nach vier langen Jahren war. Eine Zeit, in der er zweifelte, ob er überhaupt jemals noch ein Turnier gewinnen könne. Zudem bedeutete dieser Sieg auch noch die direkte Qualifikation für den Ryder-Cup – so etwas wie die Berufung in die Europaauswahl für Golfer.

Langer hatte also allen Grund zur Freude. Doch der Respekt vor der Leistung Bennetts war größer. Keine Faust, kein Lächeln, kein Zucken im äußersten Augenwinkel, nicht eine seiner zahlreichen Lachfalten trat hervor. Statt dessen ein fester Händedruck, ein wissender Blick und später dieser Satz: »Es tut mir Leid für Warren, dass er diesen Putt verpasst hat.« Warren Bennett fühlte sich dadurch sicherlich nicht besser. Doch diese Regungslosigkeit war eine der größten Gesten, die ein Golfer in so einem Moment hätte zeigen können.

Der verschenkte Weltmeistertitel

Formel 1 Ende der fünfziger Jahre: Das bedeutete Autos, die aussahen wie plattgedrückte Karpfen. Reifen, die schmaler waren als die der heutigen Motorräder. Ein Kopfschutz, der eher einem Truppenhelm ähnelte. Köpfe, die weit über das Autochassis hinausragten. Bleche, die wie heute blank gewienert waren, aber ohne Werbung glänzten. Doch noch unvorstellbarer scheint heute die Tatsache, dass ein Fahrer seinem größten Konkurrenten auf der Strecke Starthilfe gibt und so seinen Weltmeistertitel verschenkt.

Stirling Moss hat genau das im Jahre 1958 getan.

Es war das erste Jahr ohne den Argentinier Juan Manuel Fangio. Der hatte nach fünf Weltmeistertiteln seine Karriere beendet. Stirling Moss hatte drei Jahre gegen ihn gekämpft, dreimal verloren. Jetzt war er in seinem Auto des britischen Rennstalls Vanwall Favorit. Doch den Ruf des ewig Zweiten konnte er auch in dieser Saison nicht abschütteln. Ein einziger Punkt fehlte ihm zu dem großen Ziel Weltmeisterschaft. Ein Punkt, den er beim Großen Preis von Portugal gleich siebenfach an seinen Konkurrenten, den Ferrari-Pilot Mike Hawthorn, verlor.

Der britische Rennfahrer Stirling Moss unmittelbar nach seinem Sieg beim Grand Prix von Portugal 1958

Punkt eins: Damals gab es einen Bonus-Zähler für die schnellste Runde. Moss fuhr Bestzeit, als Hawthorn wegen Problemen mit den Bremsen kontinuierlich zurückfiel. Moss stellte deshalb die Jagd auf den Rundenrekord vorzeitig ein. Doch auf wundersame Weise sammelten sich der Ferrari und sein Pilot wieder – Hawthorn drehte auf und nahm Moss die schnellste Runde ab. Weil es damals noch keinen Boxenfunk gab, zeigten ihm seine Mechaniker ein

Schild. Doch Stirling Moss las es falsch. Statt »HAW REC«, was geschrieben stand und Hawthorn Record heißen sollte, las er »HAW REG« wie Hawthorn Regular. Das bedeutete für ihn, Hawthorn fahre regulär, er müsse nicht mehr sonderlich Gas geben. So bekam er nur acht statt neun Punkte für seinen Sieg. Dramatisch für ihn. Denn mit diesem einen Punkt hätte es am Saisonende bei gleichen Rennverläufen 42:42 gestanden. Weil Moss jedoch vier Grand-Prix-Rennen gewonnen hatte, Hawthorn nur eines, wäre Moss der Sieger gewesen.

Punkt zwei verlor Stirling Moss als großmütiger Sportsmann. Als der Sieger von Portugal seine Abwärmrunde fuhr, erblickte er Hawthorn kurz nach einer Steigung. Der lag noch immer auf Platz zwei, die Konkurrenz fuhr weit hinter ihm. Doch die Bremsen seines Ferraris waren zum Ende des Rennens so verschlissen, dass sich sein Auto beim Anbremsen gedreht und er dabei den Motor abgewürgt hatte. Jetzt bemühte er sich vergeblich mit der Zündung, versuchte den Wagen anzuschieben. Würde ihm das gelingen, hätte er noch immer die Chance, die sechs WM-Punkte des Zweitplatzierten gut geschrieben zu bekommen. Doch durch die Steigung war es ihm nicht möglich, den Ferrari zu starten. Moss verlangsamte seine Fahrt, stoppte die Überrundung, brüllte ihm zu: »Du musst den Wagen drehen, ihn neben der Piste bergab anrollen, dann springt der Motor an. Mach es, sonst schaffst du es nicht.«

Hawthorn folgte dieser Anweisung, drehte das Auto. Vorsichtig rollte er in Fahrtrichtung neben der Piste die Neigung hinab. Das war nicht ungefährlich, weil die Konkurrenz noch kommen musste. Das Auto sprang an, er wendete bedächtig und fuhr ins Ziel – 5 Minuten und 12 Sekunden, nachdem Moss die Ziellinie überquert hatte.

Punkt drei: Die Rennleitung wollte Hawthorn die gesammelten sechs Punkte für Platz zwei verweigern, den Ferrari-Piloten sogar disqualifizieren. Damals gab es noch keine Kameras, um zu überprüfen, was tatsächlich passiert war. Sie hatten lediglich von dem Vorfall gehört und verweigerten dem Zweiten nun die Wertung »wegen Fahrens gegen die Fahrtrichtung«. Aber: Für diese einmalige Situation gab es weder Regeln noch Klauseln im Reglement. So befragten sie den einzigen Augenzeugen und noch dazu größten Konkurrenten – Stirling Moss. Der wusste in der Zwischenzeit schon, dass er den Punkt für die schnellste Runde verloren hatte. Auch reichte sein Vorsprung noch lange nicht, um verschwenderisch mit Punkten umgehen zu können. Dennoch verteidigte er den Ferrari-Fahrer. Der »habe den Wagen neben der Piste angerollt und niemanden gefährdet«, beschwor er die Jury. Doch die verhandelte und diskutierte so lange weiter, bis Stirling Moss der Kragen platzte: »Wer war denn Augenzeuge«, brüllte er, »ihr Gentlemen oder ich?« Erst dann schenkte die Jury der Aussage von Stirling Moss Glauben und setzte Mike Hawthorn auf Platz zwei. Das waren die anderen sechs Punkte, die Stirling Moss verlor.

Mike Hawthorn, dem Stirling Moss erst einen guten Tipp gab und sich dann auch noch für ihn vor der Jury einsetzte. Hawthorn wurde dadurch Weltmeister, Stirling Moss zur Legende.

Er wäre mit 41:36 Punkten Weltmeister der Saison 1958 geworden. So aber verlor Stirling Moss 41:42. Ihm und dem Vanwall-Team blieb nur die Konstrukteurs-WM – ein schwacher Trost.

Trotzdem ärgerte sich Stirling Moss auch Jahre später nicht, sagte: »Ich weiß, dass ich den Titel geholt hätte, wenn ich mich nicht so für Mike eingesetzt hätte. Aber es war fair, deshalb habe ich es nicht bereut.«

Mike Hawthorn, der Mann, der immer mit einer gebundenen Fliege im Cockpit saß, spielte in den kommenden Jahren keine Rolle mehr in der Formel 1. Und auch die große Karriere des Stirling Moss ging ohne Titel zu Ende. Drei Jahre noch versuchte er, seinem großen Ziel, dem Weltmeistertitel, hinterherzujagen. 1959 wurde er Dritter hinter Cooper-Climax-Fahrer Jack Brabham aus Australien und dem britischen Ferrari-Piloten Tony Brooks. Diesmal vermasselte Moss, der jetzt für BRW/Cooper-Climax fuhr, seinen Titel im letzten Rennen beim Großen Preis von Sebring.

1960 landete er erneut nur auf Platz drei, diesmal aber schon 22 Punkte von Sieger Brabham entfernt. Auch deshalb, weil ihm beim Großen Preis von Portugal das gleiche Missgeschick passierte wie zuvor Hawthorn. Er würgte sein Auto nach der Steigung ab. Obwohl er keinen Helfer hatte, der ihm Tipps zurufen musste, obwohl er genau wusste, was in so einer Situation zu tun war (wenden, bergab rollen, anlassen, fahren), wurde er für diese Eskapade bitter bestraft: Die Jury qualifizierte ihn – sofort und ohne Diskussion. Am Fairplay in der rauen Motorsport-Landschaft wird er in diesem Moment wohl gezweifelt haben. Aber noch immer wiederholte er seine Worte: »Ich würde immer wieder so handeln wie damals bei Hawthorn.«

Als er 1961 wieder Dritter wurde, hatte er sich längst damit abgefunden, nie mehr den begehrten WM-Titel erreichen zu können.

1963, im Alter von 34 Jahren, verabschiedete er sich aus der Formel 1. Nach einem schweren Unfall, als er in einer Kurve geradeaus fuhr und wochenlang im Koma lag, fehlte ihm das Reaktionsvermögen, um weiter in der Formel 1 mitzuhalten. So lautete seine Abschiedserklärung: »Ich höre auf, weil ich jetzt für Dinge überlegen muss, die vorher intuitiv kamen.«

Wie die Aktion mit Hawthorn, die ihn zu einer Rennlegende, aber nicht zum Weltmeister machte.

Geoffrey Hurst

Das späte Wembley-Geständnis

Sofern nicht jemand das Gegenteil beweist, stimme ich mit den Herren Dienst und Bachramow überein.«

Mit den Herren sind der Schweizer Schiedsrichter Gottfried Dienst und der russische Linienrichter Tofik Bachramow gemeint. Sie entschieden beim Fußball-WM-Finale am 30. Juli 1966 zwischen Deutschland und Ausrichter England auf Tor für England.

Der Mann, der diesen Satz sagte, war Geoffrey Hurst. Ausgerechnet er, der Torschütze des wohl umstrittensten Tores der Fußball-Weltgeschichte. Er hielt es mit diesem Satz wie der Sportphilosoph und Wissenschaftler Karl Popper. »Wahrheit ist so lange Wahrheit, bis ein anderer das Gegenteil beweist.« Laut Poppers Theorie entsteht nur so wahres Wissen. Doch was ist das wahre Wissen über dieses Finale im Stadion von Wembley – über das Wembley-Tor?

Über die Mannschaftsaufstellungen lässt sich nicht feilschen. Für England traten Banks, Cohen, Wilson, Stiles, J. Charlton, Moore, Ball, Hurst, B. Charlton, Hunt und Peters an. Für Deutschland standen Tilkowski, Höttges, Schnellinger, Beckenbauer, Schulz, Weber, Haller, Seeler, Held, Overath und Emmerich auf dem Platz. Es hatten sich 93 802 Zuschauer im Wembley-Stadion versammelt.

Das erste Tor schoss Helmut Haller in der zwölften Minute, Geoffrey Hurst glich in der 18. Minute aus. Martin Peters brachte England in der 78. Minute in Führung und Wolfgang Weber sicherte Deutschland mit dem Tor zum 2:2 in der 90. Minute die Verlängerung.

Dort pfiff Schiedsrichter Dienst das 3:2 für England durch Geoffrey Hurst in der 101. Minute und das 4:2 in der 120. Minute – wieder von Hurst erzielt. Damit ging Hurst in die Fußballgeschichte ein. Als erster Spieler schoss er drei Tore in einem WM-Finale!

Soweit die Wahrheit der Zahlen, die bestehen bleibt, solange Fakten gespeichert werden. Geoffrey Hurst wurde zum Weltstar, England zum ersten und bis zum heutigen Zeitpunkt zum einzigen Male Weltmeister.

Was niemand genau weiß (und an diesem Punkt bekommt die Wahrheit ihre Schramme), ist, was genau in dieser 101. Minute geschah. Notiert wurde es folgendermaßen: Alan Ball passt auf Hurst. Der dreht sich, schießt, der Ball trifft die Latte, prallt nach unten, springt wieder hoch, ehe Wolfgang Weber das Spielgerät mit einem Kopfball über die Latte bugsiert und so die Lage klärt.

Aber: War der Ball (so wie es die Regel vorschreibt, um auf Tor entscheiden zu können) wirklich in vollem Umfang hinter der Torlinie? War er überhaupt davor, drauf, dahinter? Wo kam der von der Torlatte herunterspringende Ball überhaupt auf?

Fragen, die bis heute nicht eindeutig geklärt werden konnten, zum einen die Mystik von Wembley ausmachen und des Fußballsports im Allgemeinen, Fragen, die bis heute noch immer an jedem Stammtisch heftigst diskutiert werden.

Es ging alles so verflucht schnell, dass keiner mit Bestimmtheit sagen konnte, ob der Ball drin war oder nicht. Deutschland hoffte auf Nein, England erhoffte ein Ja. Keine TV-Kamera, kein Fotograf konnten zur Aufklärung beitragen. Bei dem Schnappschuss, der die Szene noch am besten zeigt, verdeckt der fliegende Körper des deutschen Torhüters Hans Tilkowski den Ball und damit die Möglichkeit zu sehen, ob der Ball auf, vor oder hinter der Torlinie aufschlug.

Wir wissen: Es wurde auf Tor entschieden. Deutschland sagte noch immer Nein, für England war wenige Minuten später der Titel im eigenen Land. Seitdem hat dieses Tor seinen Platz in der Geschichte als das Wembley-Tor von 1966.

Fußballgeschichte – das dritte Tor von Wembley in drei Szenen, von oben nach unten: Der vom Engländer Geoffrey Hurst geschossene und vom deutschen Torhüter Hans Tilkowski an die Latte gelenkte Ball »schwebt« über der Torlinie. Der zurückprallende Ball wird von Wolfgang Weber über das Tor geköpft. Schiedsrichter Gottfried Dienst gibt nach einer kurzen Rücksprache mit seinem Linienrichter Tofik Bachramow das Zeichen zur Anerkennung des Treffers.

Was wäre geschehen, hätten Schiedsrichter Gottfried Dienst und Linienrichter Bachramow nicht auf Tor entschieden? In der Phantasie lässt es sich leicht ausmalen, dass zumindest Beckenbauer noch mal aufgedreht hätte und das entscheidende Tor gemacht hätte wie schon im Halbfinale beim 2:1 gegen die Sowjetunion. Oder Haller, Overath, Seeler, Held, Emmerich oder, oder, oder ...

35 Jahre sind nunmehr vergangen, je häufiger das Wembley-Finale erzählt wird, desto fester hat es seinen Platz in der Geschichte. Immer wieder wurden die Schwarz-Weiß-Aufnahmen angeschaut, je moderner die Technik, desto langsamer die Zeitlupen. »Vor, rück, halt, ganz langsam, nochmal zurück« – immer wieder die gleichen Befehle vor dem Videorekorder. Immer wieder sah es so aus, als wäre der Ball nicht über der Linie. Doch einige Sequenzen weiter jubeln die Engländer und die Schmach der deutschen Fußballfans ist da wieder gepaart mit dem Wunsch nach Aufklärung.

Auch deshalb hörten die Fragen an Geoffrey Hurst nie auf. Die Hoffnung auf eine neue Antwort war der Antrieb. Eine kleine Andeutung, ein minimaler Zweifel. War er drin oder war er es nicht? Hursts Antwort blieb immer die gleiche: »Ich habe es nicht richtig gesehen, aber ich habe es gespürt. Ich werde es immer glauben, dass er drin war. Ich will das glauben.«

Für so viel Patriotismus und seine Verdienste um den WM-Titel 1966 – die drei Tore – wurde er 1998 von der englischen Königin Elizabeth II. in den Ritterstand erhoben. Sir Geoffrey Hurst.

Doch im Juli 2001 kam seine Biographie auf den Büchermarkt, mit 59 Jahren hatte er sie geschrieben. Der Titel: *1966 and all that.* 1966 und alles drum herum. Da schrieb er folgendes: »Die Deutschen hatten das Gefühl, dass ihnen der angesehenste Preis im Weltfußball gestohlen worden war. Vielleicht war das geschehen. Sie glaubten aufrichtig, dass der Ball die Linie nicht überschritten hatte, und es könnte sein, dass sie Recht haben. Nachdem ich jahrzehntelang alle Argumente gehört und die Zeitlupenwiederholung Hunderte von Malen im Fernsehen gesehen habe, muss ich einräumen, dass es so aussieht, als habe der Ball nicht die Linie überschritten.« Und dann entschuldigt er sich, wie schon hunderte Male zuvor: »Ich hatte den Ball wunderbar erwischt, war dabei aber gestürzt und hatte vermutlich auf dem ganzen Feld die schlechteste Sicht, als der Ball die Unterkante der Latte traf und auf die Torlinie prallte. War es ein Tor? Überschritt der Ball die Linie? Diese beiden Fragen haben mich während meines ganzen Lebens verfolgt. Das ist ein Streit, der mich bis ins Grab begleiten wird.«

Es war ein Eingeständnis und doch wieder keines. Die englischen Medien jedenfalls bezeichneten Hurst nach Veröffentlichung dieser Biographie als Verräter. Einige wollten sogar einfordern, dass die Queen die Erhebung in den Ritterstand zurücknehmen müsse. Und Geoffrey Hurst verkaufte kurz nach Herausgabe der Biographie seine goldene WM-Medaille von 1966 an seinen früheren Verein West Ham United.

Wog die Last der Lüge zu schwer? Hatte er die Fußballgeschichte belogen, verfälscht, fast ein Leben lang betrogen? Auch wenn die Geschichtsbücher nicht neu geschrieben werden, so tragen diese Worte doch ein wenig mehr zur Wahrheit bei. Nur ein fairer Ansatz zwar mit Andeutung und Zweifel, aber doch irgendwie auch mehr.

Hans Tilkowski und Geoffrey Hurst graben im Mai 2000 in Wembley ein Rasenstück aus, ungefähr jene Stelle, auf die 1966 der Ball getroffen war. Es wurde für umgerechnet 64 000 Mark zugunsten der »Bobby-Moore-Krebsstiftung« versteigert.

Gary Lineker: In 16 Jahren weder Gelb noch Rot

Gary Lineker bejubelt einen seiner zahlreichen Treffer, die er für die englische Nationalmannschaft erzielte.

Wer im Fußball stürmt, wird oft gebremst – meistens von den Abwehrspielern. Es kommt vor, dass sie dem Davoneilenden von hinten in die Hacke treten oder in den Lauf grätschen. Das folgende Szenario ist bekannt: Der Gefoulte landet unsanft auf dem Rasen. Die Fans brüllen, die Mitspieler schäumen vor Wut und der Getroffene hält sich das schmerzende Körperteil, während der Verursacher meist aussieht, als hätte jemand »Hände hoch« gerufen. Einzige Genugtuung neben dem meist nachlassenden Schmerz ist der Freistoß, der darauf folgt. Doch was geht im Kopf des Spielers vor, wenn der Schiedsrichter nicht pfeift? Wenn das Foul nicht geahndet wird?

Schwer auszumachen sind die kleinen Gemeinheiten wie das Krallen an Trikot und Hose oder der Ellbogen-Check. Es geht auch oft zu schnell und geschieht zu hinterlistig, um den Revancheakt erkennen zu können. In diesem Fall bleibt der Stürmer mit seiner Ohnmacht alleine – die Gelegenheit ist geraubt, das Trikot wird wieder in die Hose gestopft, die Beule nach dem Spiel gekühlt.

Hochachtung vor dem Spieler, der in solchen Situationen seine Emotionen unter Kontrolle hat, seine Wut in Ehrgeiz bahnen kann, jeglichen Rachegedanken erstickt.

Einer, der das mit Bravour meisterte, ist der Engländer Gary Lineker. In 16 Profi-Jahren wurde der Stürmer nicht einmal vom Platz gestellt oder sah eine Gelbe Karte. Er lamentierte nicht bei strittigen Schiedsrichterentscheidungen, verstand diese eher als Ansporn der Abwehr, noch schneller, flinker und wendiger zu entweichen. Bis 1985 hatte er in 195 Ligaspielen schon 95 Tore geschossen, im darauffolgenden Jahr traf er 40-mal für Liverpool, und bei der Weltmeisterschaft 1986 in Mexiko wurde er Torschützenkönig mit sechs Treffern, darunter seinem Hattrick gegen Polen.

Seine Mitspieler bewunderten immer wieder seine Toleranz gegenüber Gegnern und Entscheidungen, wählten ihn 1986 mit 26 Jahren zum »Spieler des Jahres«. Sie wussten zu diesem Zeitpunkt schon, was der Rest der Fußballwelt erst bei der Weltmeisterschaft 1990 in Italien erfuhr, als die FIFA Gary Lineker den Fairplay-Preis überreichte. Nämlich, dass der schlanke Mann mit dem braunen, dichten Haar mehr als eine Torjäger-Ausnahme war. Ein großer Sportsmann.

Tiger Woods

Golf-Siege für die Menschlichkeit

Tiger Woods beherrscht weit mehr als nur die genialen Schläge aus dem Sandbunker.

Solange ich am Leben bin, sind Golfer in meinem Golf Club weiß und Caddys schwarz.« Das sagte einst Clifford Roberts, der Begründer des US Masters in Augusta. Erst 1990 wurde diese Regel aufgehoben. Und 1997 gewann Tiger Woods mit 21 Jahren und als erster Schwarzer ein Masters-Turnier. Schon vorher hatten große Sportler die Barrieren zwischen Schwarz und Weiß durch-

brochen, Arthur Ashe etwa, der 1975 Wimbledon gewann, oder Jackie Robinson, der sich 1947 in der Basketball-Liga durchsetzte. Doch Golf blieb weiß.

Der Sieg von Tiger Woods in diesem Sport der Reichen und Erfolgreichen erreichte eine andere Dimension der Auseinandersetzung mit dem Begriff Integration. Sein Vater Earl sagte: »Er wird mehr für die Menschheit tun als Muhammad Ali oder Arthur Ashe, mehr als Nelson Mandela oder Gandhi.« Es klang vermessen, doch es steckt mehr als nur eine kleine Wahrheit darin.

Tiger Woods ist in die am längsten gehütete Sportart der Weißen, das Golfspiel, eingedrungen und war von nun an sogar der Beste.

Das demonstrierten auch Tausende von Zeitungsartikeln, die nach dem Augusta-Sieg und in den darauf folgenden Monaten dem Sportler Tiger Woods und seiner Bedeutung für die Gesellschaft gewidmet wurden. Wie Ashe, Robinson oder auch Sprinter Linford Christie für Schwarze zum Vorbild wurden und viele Kinder zum Sport motivierten, schaffte es auch Tiger Woods. Er fühlte sich zwar, wie er selbst sagte, in seiner neuen Rolle wie in einem »Gefängnis ohne Entlassungsdatum«. Doch er konnte auch stolz sein. Keiner der noblen Golfclubs konnte es sich von nun an leisten, Schwarze abzulehnen. Zu groß war der Name Tiger Woods, zu massiv die Angst vor öffentlicher Kritik bei diskriminierenden Äußerungen.

Der erste, der dieses Tiger-Woods-Gefühl unterschätzte, war der amerikanische Profi-Kollege Fuzzy Zöllner. Bei den Masters wurde er, bevor Woods Sieg feststand, vom US-Sender CNN nach Woods befragt. Zöllner antwortete: »Der kleine Junge puttet und schlägt ganz gut ab. Er versucht alles, um zu gewinnen. Deshalb wisst ihr ja, was ihr zu tun habt, wenn er das Klubhaus erreicht: Klopft ihm auf die Schulter, sagt ›Herzlichen Glückwunsch‹ und er soll nächstes Jahr hier kein gegrilltes Hühnchen servieren. Verstanden?« Dann wandte er sich ab, schnippte mit den Fingern, drehte sich dann doch noch mal um und sagte: »Oder Grünkohl oder was zur Hölle die auch immer essen.«

Schon wenige Tage später sahen die TV-Zuschauer Zöllner wieder. Mit stockender Stimme verlas er eine Entschuldigungserklärung an Tiger Woods, anschließend brach er ein Turnier ab, weil er nicht spielen wolle, ohne mit Tiger Woods gesprochen zu haben. Das »sei er dem Golfsport schuldig«. Sein langjähriger Sponsor, die US-Warenhauskette Kmart, kündigte trotzdem den Sponsorenvertrag mit sofortiger Wirkung.

»Es gibt eine neue Zeitrechnung im Golf«, schrieb die Zeitung *Business Week*. »Die Zeit vor und die Zeit nach Tiger Woods.« Das galt in jeder Hinsicht. So fand zum ersten Mal, nicht nur in Amerika, eine differenzierte Auseinandersetzung statt, was für Nationalitäten überhaupt hinter dem Begriff Schwarz stehen.

Gegenüber der US-Talkmasterin Oprah Winfrey sagte Woods im Interview, dass es ihn kränke, wenn ihn die Menschen immer einen Afroamerikaner nennen. Er sei ein Viertel schwarz, ein Viertel thailändisch, ein Viertel chinesisch, ein Achtel weiß und ein Achtel amerikanisch-indianisch, aber in erster Linie Amerikaner. Einige Monate später warb die Sportartikelfirma Nike mit Kindern und Jugendlichen – sie kamen aus Afrika, Thailand, China, Amerika und Europa. Sie alle sagten nur einen Satz: »I am Tiger Woods.« Ich bin Tiger Woods.

Die Wichtigkeit des Sports für das Thema Integration war endgültig erkannt. Immer mehr schwarze Kinder wurden auf Golfplätzen gesehen, Geld für pädagogische Sportprojekte wurden freigegeben. Eines der bekanntesten und erfolgreichsten war das Mitternachts-Basketball, um die schwarze Kriminalität auf den Straßen zu stoppen. In Amerika erfunden, wurde es weltweit kopiert.

Dennoch sagte der damalige US-Präsidenten Bill Clinton: »Es ist sehr schön, dass jetzt viel über das Schwarz-Weiß-Problem geredet wird, dass es viele weiße Bewohner gibt mit guten Ideen und großer Motivation, sich für die Integration einzusetzen. Doch die Wahrheit ist: Hätten wir nicht Afroamerikaner gehabt, die unter dem Risiko, ihr Leben zu verlieren, Misshandlungen ertragen haben, um einen Platz in der Gesellschaft zu erreichen, Integration hätte nie stattgefunden.«

Damit drückte er aus, dass zur Integration auch die Auseinandersetzung mit der Vergangenheit der Diskriminierung gehört. Seine Rede schloss er damit, dass es noch viel zu tun gäbe.

Barry Larkin, ehemaliger Kapitän der Baseball-Mannschaft der Cincinetti Reds, sagte ähnliches: »Im Sport kannst du die rassistischen Barrieren überwinden, aber auch nur während des Spiels. Wenn du zwischen den Spielfeldlinien stehst, siehst du keine Unterschiede zwischen Schwarz und Weiß. Sobald du das Feld verlässt, wird es aber wieder zum Thema.«

Einmal konnte die Mannschaft das Spielfeld erweitern. Larkins Kollege Deion Sanders hatte in Würdigung seines Vorbildes, des Basketballers Robinson, seine Ausgehuniform umgestaltet. Er schnitt die Hosenbeine und die Ärmel ab. Die Liga wollte ihn mit einer Strafe belegen, als sich die Mannschaft hinter Sanders stellte und ihre Anzüge ebenso beschnitt.

Vier Jahre nach der Aussage von Woods Vater über die Wirkung seines Sohnes auf die Menschheit hat sich tatsächlich einiges verändert. Doch Entwicklung dauert. Das zeigt ein Beispiel aus Deutschland.

Gerald Asamoah, erster Afro-Deutscher im Fußball-Nationalteam, erzählte im August 2001: »Ein bekannter Spieler, ich sage den Namen nicht, hat mich gefoult und sagt: ›Komm Neger, steh' auf.‹ Und hinter ihm stand sein Mannschaftskollege – ein Schwarzer. Nach dem Spiel hat sich der Deutsche bei mir entschuldigt. So was passiert immer wieder.«

Was Tiger Woods für den Golfsport schaffte, ist demnach erst ein Anfang. Die Gleichbehandlung aller Hautfarben, aller Nationalitäten, aller Länder findet zwar im sportlichen Wettbewerb statt, aber oft genug leider immer noch nur da.

Teamchef Rudi Völler gratuliert Gerald Asamoah zu seinem ersten Tor im Trikot der deutschen Fußball-Nationalmannschaft.

Fairplay hieß »schön aussehen«

Im Jahre 888 tauchte das Wort »fair« erstmals in England auf – es hatte noch nichts mit Schweiß, ehrenvollen Gedanken oder Sport überhaupt zu tun. Es bedeutete »schön aussehen«. Erst im Laufe der Jahrhunderte wurde aus »My fair lady« »a Fairplay«.
Die Engländer hatten vor Anbruch des 20. Jahrhunderts allerdings ein recht befremdliches Verständnis von Fairplay, das dem heutigen nicht mehr entspricht. Ihr Fairplay bedeutete den Ausschluss der Arbeiterklasse. Während die Pädagogen des Landes das »Fairplay« in allen gesellschaftlichen Schichten zu vermitteln versuchten, sprachen die »Sports-Gentlemen«, die für ihren Lebensunterhalt nicht arbeiten mussten, den »unteren Klassen« das Unterlassen von rauhen Sitten ab. Um sich abzugrenzen und somit auch die anderen auszugrenzen, erfanden sie den Amateur-Status, abgeleitet aus dem lateinischen Wort »amare«. Sie trieben Sport aus Liebe zum Sport. Jeder Sportler, der sein Geld als Arbeiter, Handwerker oder Angestellter verdiente, war Profi und demnach kein »Fairplayer«. Der Sport offenbarte somit auf eine weitere Weise die englische Klassengesellschaft des 19. Jahrhunderts. Dass der Sport die Gesellschaft entlarvt, hat sich bis heute nicht geändert.

Linien – eine Schande für das Spielfeld?

Romantische Kritiker des Fairplay behaupten, dass es mit der Fairness im Sport bergab ging, als die Regeln erfunden wurden. So sagte ein englischer Fußballer, als 1881 der Strafstoß im Fußball eingeführt wurde: »Es ist eine Beleidigung des Ansehens von Sportsleuten, wenn sie unter einer Regel spielen müssen, die unterstellt, dass die Spieler ihrem Gegner absichtlich ein Bein stellen, treten und schlagen und sich benehmen wie üble Kerle der gewissenlosesten Sorte. Ich behaupte, dass die Linien, die den Strafraum markieren, eine Schande für das Spielfeld sind.«
Doch die Einführung der Regeln, das Ablegen des geheimen Spiel-Kodex und der damit verbundenen Zugänglichkeit für Jedermann machte Sinn. Plötzlich boomte das Spiel, die Fans strömten in Scharen, wollten dabei sein und zusehen.
Wurden beim englischen Fußballcup 1881 nur 2000 Zuschauer gezählt, purzelten die Anhänger 1901 im Londoner Crystal Palace fast von den Tribünen – es waren 111 000.

WELCOME TO THE NORTH POLE
ДОБРО ПОЖАЛОВАТЬ НА
СЕВЕРНЫЙ ПОЛЮС!
BIENVENUE AU PÔLE NORD

Freundschaft im ewigen Eis

Die Expedition startete am 3. März 1988. Sie begann in der damaligen Sowjetunion am Severnaya Zemlya Archipel in Nord-Sibirien und kam am 1. Juni in Cape Columbia am Ellesmere Island in Kanada an. 1800 Kilometer in 91 Tagen.

Es war keine Expedition, die mit anderen zuvor vergleichbar war. Das Team bestand aus neun Russen und vier Kanadiern und nannte sich »Polar Bridge Expedition«. Es ging nicht nur darum, erstmals gemeinsam den Nordpol direkt zu überqueren, es war auch eine Expedition, die unter dem Zeichen der Freundschaft zwischen diesen beiden Nationen stand. »A gesture of friendship«, wie es damals hieß. Die »Polar Bridge Expedition« hatte die Genehmigung, in den Zeiten des auslaufenden kalten Kriegs gemeinsam von Russland auf dem direkten Weg über den Nordpol nach Kanada zu queren. Sie wurde angeführt von dem Russen Dmitry Shparo und dem Kanadier Richard Weber. Es war auch die erste Expedition von Russland über den Nordpol nach Kanada, deren Versorgung per Flugzeug von beiden Ländern aus geregelt wurde.

25. April 1988. Zwischenstation am Nordpol für die russisch-kanadische Expedition, jener "Tour der kleinen Gesten" deren erstes Ziel eine Friedensmission sein sollte. So lag es nahe, den Nationalfahnen die Friedenstaube voranzustellen.

Diese dreizehn Abenteurer und Wissenschaftler traten den Beweis an, dass es sogar in einer extremen Welt unter extremen Bedingungen möglich ist, eine Brücke zwischen Ost und West zu schlagen. Dreieinhalb Monate eingesperrt in Schnee und Kälte. Bedingungen, die nur zu überleben sind, wenn Strapazen geteilt werden, Berührungsängste nicht existieren, Vertrauen die Basis und der Austausch gegenseitiger Erfahrungen gewährleistet ist. Mit

90 Pfund schweren Rucksäcken marschierten sie über das sich ständig verschiebende Eis.

Die Temperaturen bewegen sich im Polar-Sommer bei über minus vierzig Grad Celsius. Wärme gibt es nur für die kurze Zeit des Kochens. Doch sobald der Köcher aus ist, kommt die Kälte zurück. Expeditionsmitglied Laurie Dexter notierte am 20. März: »Die Temperatur ist noch immer bei minus fünfundvierzig Grad Celsius. Die Kälte ist das dominierendste Element. Um sich für den Tag zu präparieren, brauchen wir fünfmal so lange wie bei normalen Temperaturen. Wenn wir nach fünfzig Minuten Marsch unsere zehnminütige Pause machten, mussten wir immer von einem Fuß auf den anderen springen und die Extremitäten schütteln, damit das Blut hineinfließt und wir nicht erfrieren.«

Eisiger Wind weht mit einer Durchschnittsgeschwindigkeit von dreißig Stundenkilometern. Die Schrittlänge beträgt maximal zwei Fußlängen. Selbst bei diesem schleppenden Vorankommen muss die Gruppe darauf achten, dass sie zusammen bleibt. Der tägliche Kalorienverbrauch ist kaum zu decken, er liegt bei etwa 7000 Kalorien. Die Teilnehmer verlieren täglich an Substanz. Der Bedarf ist nur mit extrem fetthaltiger Nahrung auszugleichen, die dazu meist gefroren ist. Richard Weber erinnerte sich auch bei späteren Expeditionen immer wieder an das weiße, fette, in Salz eingelegte Schweinefleisch der Russen. »Es war das Widerlichste, was ich je gesehen hatte. Aber irgendwann war ich so hungrig, dass ich auch das aß.«

Am 25. April erreichte das Team den Nordpol. Auf dem Ankunftsfoto werden die kanadische und die russische Fahne gehalten – die Teilnehmer lachen. Knapp eineinhalb Monate später, am 1. Juni, das gleiche Bild – wieder lachen alle. Ein Bild, das auch gestellt sein könnte. Denn auf ihrer Tour gab es keine Zeugen außer ihnen selbst. Aber die Teilnehmer bestätigten immer wieder den humanen Umgang miteinander und die Einzigartigkeit dieses Erlebnisses.

»Diese Expedition hatte ihren Sinn erfüllt. Es war eine große Tour der kleinen Gesten«, hieß es ein Jahr später in der Rede von

UNESCO-Generalsekretär Federico Mayor. Er ehrte jeden Expeditionsteilnehmer mit dem Pierre-de-Coubertin-Fairplay-Preis. Als Vorbild für Verständigung zwischen zwei Ländern und darüber hinaus mit der Außenwelt.

So hielt das Team mit der Hilfe von speziellem technischem Equipment Kontakt mit der Welt. Nicht nur die Kommunikation innerhalb des Teams war ein Teil der Expedition, auch die mit der Außenwelt gehörte zum Projekt. Amateurfunker verfolgten das Polar-Team während der gesamten Expedition, nahmen immer wieder Kontakt mit ihnen auf. Einer von ihnen, Gary Hammond, schrieb über dieses Erlebnis: »Ich bin geehrt, ein Teil der Polar Bridge Expedition gewesen zu sein. Dafür danke ich.«

Die Expedition war ein großer Erfolg. Die Teilnehmer wurden in ihrer Heimat als Helden gefeiert. Dass das Lachen auf den Bildern nicht nur für die Öffentlichkeit war, bewiesen vor allem die über diese Expedition hinaus geschlossenen Freundschaften. So planten der kanadische Expeditionsführer Richard Weber und der russische Medizin-Professor Mikhail Malakhov, der ebenfalls bei der Polar Bridge Expedition dabei war, schon drei Jahre später das nächste gemeinsame Projekt. 1992 wanderten sie auf der gleichen Route zum Nordpol wie 1988. Doch diesmal ohne jegliche fremde Hilfe, ohne Hunde, ohne Flugzeuge. Sie mussten sich wahrhaftig gut verstehen.

Jesse Owens, Luz Long und Jonathan Edwards

Der gute Tipp vom größten Rivalen

Ann Harbour im US-Bundesstaat Ohio am 25. Mai 1935. Es ist 15.15 Uhr, als Jesse Owens in den Startschuss zum 100-Yard-Lauf, umgerechnet 91,44 Meter, geradezu hineinfällt. In 9,4 Sekunden sprintet er ins Ziel und stellt den Weltrekord ein.

15.25 Uhr – Jesse Owens läuft auf die Weitsprunggrube zu, springt ab und landet bei 8,13 Meter. Erneut Weltrekord, der sogar 25 Jahre lang halten sollte.

15.34 Uhr – Start zum 220-Yards-Lauf (201,17 Meter). Jesse Owens siegt in 20,3 Sekunden, Weltrekord.

16 Uhr – 220-Yard-Hürdenlauf. Wieder überquert Jesse Owens als Erster die Ziellinie. Mit 22,6 Sekunden erneuert er den nächsten Weltrekord.

Dieser 25. Mai 1935 ist noch heute ein historischer Tag in den Sportgeschichtsbüchern. Denn binnen 45 Minuten brach der Amerikaner drei Rekorde, stellte einen weiteren ein und wurde so zu einer Weltsensation.

Olympische Siegerehrung im Weitsprung 1936 in Berlin. Jeder grüßt auf seine Weise: ganz oben auf dem Treppchen Jesse Owens mit Lorbeerkranz, rechts Luz Long mit deutschem Gruß, links der Drittplatzierte, Naoto Tajima aus Japan. (Ullstein Bild)

Um so mehr, als dieser Tag noch eine Vorgeschichte hatte. Denn bis kurz vor dem ersten Start konnte sich der umjubelte Held kaum bewegen. Zwei Wochen zuvor war Owens beim Herumalbern mit Freunden auf einer Wasserlache ausgerutscht und hatte sich einen Rückenwirbel ausgerenkt. »Als der Wettkampf begann, waren die Schmerzen einfach weg. Vorher konnte ich noch nicht einmal mit den Händen meine Knie berühren. Es war wie ein Wunder«, sagte Jesse Owens nach seiner Rekordjagd.

Ja, ein Wunder. Wie fast alles in seinem sportlichen Leben einem

Luz Long (l.) und Jesse Owens in einer Wettkampfpause. Vielleicht geht es gerade um Owens Problem mit dem Absprung.

Wunder gleichkam. Als Kind hatte er chronische Bronchitis und Asthma – keine günstigen Voraussetzungen, um ein Weltklasse-Sportler zu werden. Doch seine Karriere begann so schnell, wie seine Beine liefen. Innerhalb von nur zwei Jahren wurde Owens zum erfolgreichsten amerikanischen Sportler und zum Vorbild aller schwarzen Athleten.

Seinen Höhepunkt genoss er bei den Olympischen Spielen in Berlin. Den Spielen, bei denen der deutsche Diktator Adolf Hitler beweisen wollte, dass die von ihm bevorzugte »arische Rasse« die stärksten Athleten der Welt hervorbringt. Überall marschierten seine braun gekleideten Parteikämpfer und demonstrierten Macht. Die Parole »Deutschland über alles« war allgegenwärtig.

Schon vor der Eröffnung hetzte das Nazi-Regime gegen Afro-Amerikaner, bezeichnete Athleten wie Jesse Owens als minderwertig und verspottete die Vereinigten Staaten, dass sie auf die Erfolge von »Hilfsarbeiter wie Owens und andere Neger« angewiesen seien. Jesse Owens, damals 21 Jahre alt, trat dennoch an und machte in Berlin trotz Diskriminierung die wertvollste Erfahrung seiner sportlichen Karriere. Mit einem Deutschen ...

Nachdem Owens am 3. August schon die 100 Meter in 10,3 Sekunden und damit seine erste olympische Goldmedaille gewonnen hatte, galt er auch im Weitsprung als Favorit. Sein größter Konkurrent war Luz Long. Der deutsche Sportler aus Leipzig war groß gewachsen, blond, blauäugig. Für Adolf Hitler ein Vorzeige-Athlet. Doch das war er in dessen Sinne nur äußerlich.

In der Qualifikation standen sich Owens und Long erstmals gegenüber. Artig stellte sich der Deutsche seinem Konkurrenten vor. Jesse Owens hatte zwei ungültige Versuche, war jeweils übergetreten. Bei seinem dritten Versuch war er verunsichert und machte einen Probeanlauf bis zum Absprungbalken, ohne ihn jedoch zu überqueren. Die Kampfrichter werteten das als ungültigen Versuch – reine Schikane.

Jetzt hatte Owens nur noch einen Versuch. Luz Long ging zu ihm und gab ihm einen Tipp, der entscheidend sein sollte. Er riet ihm, eine Markierung vor dem Absprungbalken zu ziehen und von dort zu springen. So hätte er zwar keinen optimalen Sprung, aber die Sicherheit, doch noch das Finale zu erreichen.

Owen staunte immer wieder über diese Begegnung: »Es gehörte großer Mut zu dieser Hilfe. Sich mir vor den Augen Hitlers so freundlich vorzustellen, das war undenkbar. Dennoch tat er es. Und gab mir sogar noch einen Tipp.« Owens befolgte seinen Rat, qualifizierte sich und siegte im Endkampf vor Luz Long. »Ich könnte alle Pokale und Medaillen zusammenschmelzen, sie würden niemals diese 24-Karat-Freundschaft, die ich für Luz Long in diesem Moment empfand, ersetzen«, sagte Owens.

Mehr als nur eine faire Geste für den Überraschungssieger: Weltrekordler Jonathan Edwards (r.) gratuliert Charles Friedek zum Weltmeistertitel; der Engländer hatte seinem Konkurrenten aber schon zuvor mit einem guten Tipp geholfen.

Bei der Siegerehrung verweigerte Hitler dem Sieger den Handschlag. Es kränkte ihn nicht. »So war es. Dafür habe ich in Luz einen Freund gewonnen. Ich durfte immer nur durch die Hintertüre gehen, ich durfte nie dort leben, wo ich wollte. Hitler gab mir nicht die Hand, dafür habe ich ihm und der Welt bewiesen, dass auch Afro-Amerikaner große Leistungen erbringen können. Ich kann nur so versuchen, Dinge besser zu machen.«

Owens kehrte nach den Spielen nach Amerika zurück. Trotz seiner Erfolge bekam er keine staatliche Unterstützung. Er gab den Amateurstatus auf, doch entgegen aller Prognosen und Verspre-

chen konnte er die vier Goldmedaillen nicht vermarkten. »Ich durfte in den Bussen immer noch nicht vorne sitzen, und der amerikanische Präsident gratulierte mir auch nicht.« Sein Geld verdiente er sich mit Show-Rennen gegen Pferde und Hunde sowie Auftritten im Zirkus. Jesse Owens: »Mir blieb nichts anderes übrig, die Medaillen konnte ich nicht essen.«

Traurig endete auch die Freundschaft zwischen Jesse Owens und Luz Long. »Ich habe ihn nach den Olympischen Spielen in Berlin nicht mehr wieder gesehen. Luz starb im Zweiten Weltkrieg. Das bedauere ich zutiefst«, sagte Owens immer wieder in Interviews. Noch lange Zeit hielt Owens den Kontakt mit Longs Familie. Als Jesse Owens am 31. März 1980 an Lungenkrebs starb, sagte US-Präsident Jimmy Carter: »Kein Athlet symbolisierte mehr den Kampf gegen Armut, Rassismus und Tyrannei.«

Dass auch 63 Jahre nach diesen Olympischen Spielen noch Tipps unter Springern ausgetauscht wird, erzählte der deutsche Dreispringer Charles Friedek. Er litt unter einer Entzündung in der Ferse. Bei jedem Wettkampf platzte sie auf. Drei Wochen vor der Weltmeisterschaft 1999 in Sevilla fragte ihn der britische Weltmeister Jonathan Edwards bei einem Wettkampf nach seinen Problemen. Nachdem ihm Friedek seine Schmerzen schilderte, zeigte ihm Edwards ein Gummikautschukteil, das er als Schuheinlage verwenden könne. Er solle sich das besorgen. Friedek tat es – die Schmerzen verschwanden.

Als sich Beide bald danach bei der Weltmeisterschaft trafen, sagte Edwards: »Charles, ich habe das Teil für Dich dabei.« Edwards hatte ihm nicht nur den Tipp gegeben, sondern auch darüber hinaus an den Konkurrenten gedacht. Friedek: »Mein schönstes Fairplay-Erlebnis.« Dazu wurde der Deutsche auch noch Weltmeister.

Willi Daume

Der Mann, der Olympia lebte

»Lieber Willi«, so begann im Jahre 1993 die Rede von UNESCO-Generalsekretär Federico Mayor. »Die Liste deiner Taten ist länger als dein Name – Wilhelm Karl August Ferdinand Daume ... Es ist nicht nur dein 80. Geburtstag, den wir heute ehren wollen, sondern auch dein unerschöpflicher Enthusiasmus. Es ist eine große Ehre für mich, dir die Pierre de Coubertin Fair Play Trophy

Willi Daume, Präsident des Nationalen Olympischen Komitees für Deutschenland, im Gespräch mit dem deutschen IOC-Mitglied Berthold Beitz (l.)

zu überreichen. Die Mitglieder des Kommitees haben diese Entscheidung ohne deine Zusage als Präsident getroffen. Ich hoffe, du vergibst uns.«

Willi Daume starb am 20. Mai 1996 im Alter von 82 Jahren an den Folgen eines Krebsleidens. Er war der bedeutendste Funktionär der deutschen Sportgeschichte. Sogar von einem der größten Funktionärs-Kritiker akzeptiert. Der dreimalige Schwimm-Olympiasieger Michael Groß sagte über ihn: »Er war ein Präsident der Athleten, er war einer, dem man vertraute. Wir Sportler fanden in ihm immer einen, der uns verstand.«

Daume holte die Olympischen Spiele nach München, schaffte es immerhin bis 1964 – trotz der Teilung Deutschlands – ein gesamtdeutsches Team zusammenzuhalten, war Präsident des Deutschen Sportbundes, des Nationalen Olympischen Kommitees und Ehrenmitglied des IOC. Er stand für die olympische Bewegung, den Sport, die Spiele und ihren Geist. Aus diesem Grund wurde er auch 1988 Präsident des Internationalen Kommitees für Fairplay und Nachfolger von Jean Borotra, dem französischen Wimbledonsieger von 1924 und 1926 und Begründer des UNESCO-Fairplay-Preises.

Ansichten und Einsichten von Willi Daume: »Alles im Leben ist Spaß.« Und: »Wenn das Detail stimmt, stimmt auch das Ganze.« Seine Lebensphilosophie. »Na ja, und dann kam der Tag, wo nun allen offenbar wurde, die Politik geht andere Wege, es wird kein wiedervereintes Deutschland – zumindest in absehbarer Zukunft – geben, auch der Westen will das nicht, und es kam zur Trennung der gesamtdeutschen Mannschaft. Das war im ersten Augenblick ein harter Schlag, aber im Grunde nicht unerwartet und im Grunde auch ein Anpassen an die Realität.« 1965, ein Jahr nachdem der olympische Friede zwischen Ost- und Westdeutschland endgültig gescheitert war.

»Anspruch auf Dank haben wir niemals erhoben, haben sogar von gewisser politischer Seite schlimme Verunglimpfungen ertragen …« Willi Daume über sein Verhältnis zur Politik.

»Sportlich hat es überhaupt nichts gebracht und noch weniger hat es den Athleten gebracht, die hatten Jahre ihres Lebens vertan in

Den »fliegenden Basken« nannte man den französischen Ausnahme-Tennisspieler Jean Borotra. Er gründete den UNESCO-Fairplay-Preis und war Präsident des Internationalen Komitees für Fairplay. Sein Nachfolger in diesem Amt war Willi Daume.

der intensiven Vorbereitung auf Olympische Spiele. Aber es hat auch politisch nichts gebracht, überhaupt nichts. Im Gegenteil, wir standen nachher ganz allein da in Westeuropa, und man hat dann sogar gesagt, da sind sie wieder, die schulmeisterlichen Deutschen, die glauben, sie könnten ihre Auffassung zu diesen Dingen, weil sie ein bißchen näher am Eisernen Vorhang sind, einsetzen und der Musterschüler sein. Also das war eine vollständig misslungene Sache.«

Im Sommer 1980, nach dem Boykott der Sommerspiele in Moskau: »Wir waren weder im Hegelschen Sinne ›Sekretäre des Weltgeistes‹, noch gar waren wir Meuchelmörder der Edelgestalt der olympischen Göttin. In Wirklichkeit kamen die olympischen Reformen fast zu spät.« 1981 über die Öffnung der Olympischen Spiele für Profis.

»Haben wir nichts Wichtigeres zu tun, als uns mit sportlichen Höchstleistungen auf Olympische Spiele vorzubereiten? Meiner

Ansicht nach gibt es wichtigere Fragen: Wie kann man der Dritten Welt helfen, sportlich helfen, olympisch helfen? Wie findet man eine wirklich humane Olympia-Konzeption? Nicht etwa nur für die wenigen sportlichen Großmächte, sondern auch für die armen Völker. Chancengleichheit gehört doch zu unseren wichtigsten Prinzipien. Wir müssen an dieser Stelle über unseren Horizont hinausdenken, eben an jene Dritte Welt.« 1981, zur Eröffnung des 11. Olympischen Kongresses.

»Es gibt keine vergleichbaren Lebensgebiete, vielleicht von wenigen Beispielen in der Wissenschaft und Kunst abgesehen, in denen sonst noch die deutsche Zusammengehörigkeit erlebt werden konnte.« 1985, über den nationalen Geist bei Olympischen Spielen.

»David Lord Burghley hatte schon 1928 in Amsterdam Gold über 400 Meter Hürden gewonnen. Vier Jahre später in Los Angeles wollte er der Eröffnungsfeier fernbleiben, um sich zu schonen. Als sein großer Konkurrent Morgan Tayler aus den USA mit einmarschierte, da schämte sich David seines Vorteils und nahm ebenfalls an der stundenlangen Feier teil. Am nächsten Morgen verlor er gegen Tayler.« 1988, seine schönste Fairplay-Geschichte. 1936 nahm er selbst an den Olympischen Spielen in Berlin teil. Er war Mitglied des Basketballteams.

»Ja. Es ist falsch zu glauben, dass Fairplay automatisch zum Sport gehört. Es kommt nicht wie eine Gabe Gottes vom Himmel geflogen. Es muss anerzogen werden.« 1992 auf die Frage, ob Fairplay lernbar sei.

»Ich habe sie geliebt, liebe sie noch. Sie waren für mich auch immer der Mittelpunkt des Sports.« 1993, über die Bedeutung der Olympischen Spiele, nach seinem Abschied als NOK-Präsident.

»Funktionieren ist eben zu wenig.« Immer wieder über den deutschen Sportfunktionär. »Vielleicht habe ich dem Sport zu viel gegeben.« 1993, als Willi Daume einen Vergleichsantrag für sein Unternehmen, eine Eisengießerei in Dortmund, stellen musste.

»Ich will noch mal Tennis spielen.« Und: »Ich fliege selbstverständlich zu den Olympischen Spielen nach Atlanta. Mein Rat ist dort gefragt.« 1996, Willi Daume zwei Wochen vor seinem Tod.

Doping, der härteste Verstoß gegen Fairplay

Monate, in denen der Sport ohne Doping-Meldungen auskommt, wird es wohl nicht mehr geben. Der kanadische Sprinter Ben Johnson oder der deutsche Olympiasieger Dieter Baumann sind Namen, die einem sofort bei diesem Thema einfallen. Oder die Tour de France 1998, wo mehr über Doping-Razzien, Ampullen und Pillen geredet wurde als über Sprintwertungen und Tagessiege.

Wir kennen das Prozedere von unzähligen Pressekonferenzen – immer wieder beteuern des Dopings überführte Sportler ihre Unschuld. Und wir als unbeteiligte und unwissende Zuschauer fragen uns immer wieder: Ist der Täter nun das Opfer?

Pierre de Coubertin, der Begründer der Olympischen Spiele, prägte den Satz: »Citius, Altius, Fortius« – schneller, höher, weiter. Das IOC, das Internationale Olympische Kommitee, muss sich heute mit der Überinterpretation dieses Gedankens auseinander setzen. Im Kampf gegen das Doping bekennt es sich zum strikten Verbot. Als Grundlage seiner Entscheidung dient ein Begriff: Das Fairplay. »Das Fairplay als unverzichtbares Fundament des Leistungssports. Besonders bedeutsam sind die Prinzipien der Chancengleichheit im Wettkampf sowie die Unversehrtheit des Athleten.«

Schöne Worte, die da in der Präambel des Anti-Doping-Papiers stehen. Genauso schön wie die Worte aus einem Gedicht von Grantland Rice: »For when the one great scores comes/To write against your name/He marks not that you won or lost/But how you play the game.« Sinngemäß übersetzt bedeuten sie: Wenn am Ende das große Ergebnis zusammengezählt wird, ist es nicht mehr wichtig, ob du gewonnen oder verloren hast. Es zählt nur, wie du das Spiel gespielt hast. Wahrhaftig schöne Worte.

EUROCARD
MasterCard
REUTER
7
STEVIC
4
17

Sport gegen Terror und Gewalt

Wie die Sportwelt die Anschläge von New York zu verkraften versuchte

Bis um 14.48 Uhr liefen die Uhren an jenem Dienstag, dem 11. September 2001, ganz normal. Die Schalker Spieler waren gerade auf dem Weg zum Kaffeetrinken, als sie die Nachricht erfuhren, die die Welt verändern sollte. Terroristen hatten den Anschlag auf Amerika verübt, das World Trade Center, diese gigantisch-großen Zwillingstürme von New York, zum Einsturz gebracht. Und mehr als 5000 Menschen hatten dabei den Tod gefunden. Ein Anschlag, der die ganze Welt erschütterte.

Und da saßen sie nun, die Schalker Fußball-Profis, die schon seit Tagen ihrem Debüt in der Champions League entgegenfieberten. Nur noch knapp fünf Stunden, dann würden sie sich gegen Panathinaikos Athen um einen guten Start in Europas Königsklasse bemühen. Mit aller Kraft, aller Konzentration. So hatten sie es sich vorgenommen, so hatte sie Trainer Huub Stevens eingeschworen. Ausverkauft war die neue Schalker Arena. Seit Jahren warteten die Fans auf diesen Moment, auf den ersten Auftritt ihrer Schalker in dieser europäischen Eliteliga, die zusätzliche Millioneneinnahmen garantierte. Nun aber kreiste kein Gedanke mehr um Fußball.

Zum Gedenken an die Opfer der Terroranschläge von New York und Washington legen Spieler und Zuschauer vor dem Champions-League-Spiel zwischen Borussia Dortmund und dem FC Liverpool eine Schweigeminute ein.

Die ersten Bilder aus den USA kamen von CNN und ntv. Nicht nur in Amerika, auch in Deutschland scharten sich Massen um jeden öffentlichen Fernseher. Und auch die Schalker sahen, was so unbegreiflich war. Da störte etwas empfindlich den Kreisel, da schoss jemand den Ball aus dem Kopf. Die beiden höchsten Gebäude New Yorks, die des World Trade Centers, brannten. Die nächsten Bilder zeigten, wie es dazu kam. Ein Flugzeug erschien im

rechten Bildrand, bohrte sich mit vollem Tempo in den linken Turm. Der andere brannte aus demselben Grund. New York, das World Trade Center, damit verband jeder etwas. Der Verstand lief langsam in diesen Minuten und Stunden. Wie Brei sackten die Bilder in den Kopf. Da standen Menschen in den Fenstern der oberen Geschosse. Für sie gab es keinen Ausweg mehr. Einige wählten den Freitod, stürzten sich für jeden, der hinsah, sichtbar über hundert Stockwerke hinunter. Keiner schaute weg, weil alles so unerwartet geschah.

Als die nächste schreckliche Meldung verkündet und bebildert wurde, standen die Spieler noch immer vorm Fernseher. Ein Flugzeug war auf das Pentagon gestürzt. Die Zentrale der amerikanischen Verteidigung brannte ebenfalls. Es hieß, weitere Flugzeuge seien mit unbekanntem Ziel im Luftraum um Washington bis New York unterwegs. Dann stürzten die beiden Türme nacheinander ein. Die Worte Wahnsinn, unfassbar, unglaublich und schrecklich wurden ständig wiederholt. In Schalke genauso wie in Kiew, wo Dortmunds Fußball-Profis gegen Dynamo spielen sollten. Fußball spielen? Spielen? Allein diese Worte!

Olympia-Flaggen auf Halbmast. Das Internationale Olympische Komitee in Lausanne gedenkt auf seine Weise.

Die Welt, auch die Sportwelt, war plötzlich eine andere. Wie sollten die Spieler motiviert werden? Nicht nur Herz, Arme und Beine waren schwer. Der Gedanke an ein Spiel scheiterte schon an einfachen Dingen wie der Kabinenansprache. »Aggressiv«, »Zweikämpfe«, »Drahtzieher«, »Feuerproben«, »Katastrophen-Abwehr«, »Schicksalsspiel«, »Absturz« oder »Bombenstimmung« – alles Worte, die sich wie selbstverständlich in die Sport-Sprache gemischt hatten, bekamen plötzlich eine andere Bedeutung. Das zwingt nahezu zur Sprachlosigkeit.

Den Gegner attackieren, wenn andere, nur sechs Flugstunden entfernt, Trümmer zur Seite räumen, um Überlebende zu retten? Über Tore jubeln, während ungewiss ist, ob nicht weitere Terroranschläge im selben Moment ihr Ziel finden?

Die Deutsche Eishockey-Liga (DEL) reagierte als erste. Sie sagte das Spiel Nürnberg gegen Oberhausen, das an diesem Abend stattfinden sollte, ab. Vor allem den amerikanischen Spielern wollte niemand an diesem Abend einen Kampf zumuten. Kämpfen, allein dieses Wort wirkte so hässlich, hatte mit einem Mal seine sportliche Seite verloren.

Doch wer konnte bestimmen, dass die Bilder aus Amerika nicht gleiche Wirkung bei den Fußball-Profis zeigten? Ihnen war es ebensowenig zuzumuten.

Aus Schalke und aus Kiew glühten die Telefondrähte heiß. Zum Innenministerium, zum Bundeskanzleramt, zur UEFA. Bis eine Dreiviertelstunde vor Spielbeginn warteten die Mannschaften zwischen Trauer, Schock und Unsicherheit auf eine Absage von höchster Stelle. Sie selbst fühlten sich nicht in der Lage, die Entscheidung zu treffen, zumal nicht sie, sondern die UEFA als Veranstalter auftrat. Ihnen fehlte der Mut zum Protest, auch weil die Konsequenzen nicht absehbar waren.

Die UEFA ließ spielen, schickte lediglich ein Fax mit dem Text: »Wir legen bei jedem Spiel eine Gedenkminute für die Terror-Opfer ein.«

Dortmunds Präsident Dr. Gerd Niebaum richtete aus Kiew klare Worte an die Verantwortlichen. Er sagte in die TV-Mikrofone: »An solchen Tagen muss sich der Fußball einfach mal kleiner machen. Er ist nämlich nicht mehr als die herrlichste Nebensache der Welt. Herr Johanssen hätte die Spiele absagen müssen, das wäre eine Frage der Ethik und der Moral gewesen. Die UEFA und Herr Johanssen sollten mal über sich und ihr Selbstverständnis nachdenken.«

Aber wie fast immer, wenn es schwere Entscheidungen zu fällen gilt, ging die UEFA auf Tauchstation. Nein, sie wollte nicht den Vorreiter spielen in einer Situation, die es so noch nie im Weltsport gegeben hatte.

»The games must go on«, hieß es pathetisch vor dem Spiel. Diese fünf Worte hörte die Sportwelt erstmals 1972 bei den Olympischen Spielen in München von Avery Brundage, dem damaligen Präsidenten des Internationalen Olympischen Kommitees. Da hatten elf Israelis bei einem Attentat palästinensischer Terroristen ihr Leben verloren.

»Der Sport ist ein außerordentlich vitales Stück Leben. Darum stellt er sich, mit Katastrophen konfrontiert, die Rechtfertigungsfrage. Aber es wird ja auch weiter gesungen, gedichtet, gehandelt. Das ist eine Erfahrung des Sports, die er in für ihn schweren Zeiten wie Boykotten durchgemacht hat. Und irgendwann ist es weitergegangen, so als wäre nichts gewesen. Aber nur fast. Jeder Einschnitt hat Narben hinterlassen. München stand für das Jahr, in dem die Olympischen Spiele ihre Heiterkeit verloren. Die folgenden Spiele von Montreal bis Sydney haben sie oberflächlich gesehen wiedergefunden, aber Narben sind geblieben. New York und Washington sind offene Wunden. Auch für den Sport.« So positionierte die *Frankfurter Allgemeine Zeitung* den Sport in einer Zeit, wo auch die Medien ihre Probleme haben, »normale« Ereignisse wie ein Fußballspiel richtig zu einzuordnen.

Schalke verlor 0:2. Borussia Dortmund spielte 2:2. Und der Pay-TV-Sender *Premiere World* zeigte zwar die Live-Bilder aus den beiden Stadien, verzichtete aber auf einen Kommentar. Auch eine Möglichkeit, den Ereignissen Rechnung zu tragen.

Keiner traute sich, die Niederlage oder das Unentschieden auf das Geschehene zu schieben. BVB-Profi Lars Ricken sagte dennoch eine Woche später: »Es war schon schwer, sich auf den Fußball zu konzentrieren. Ich habe meine ganzen Werte in Frage gestellt.«

Sicherlich auch die Werte des Sports, die sich in ihrer Basis auf Respekt, Toleranz und Ehrlichkeit zusammenfassen lassen. Wie anwenden in diesen Tagen, wie war es möglich, ihnen gerecht zu werden? Ehrliche Antworten hätten eine allgemeine Zerrissenheit bestätigt. Deutlich wurde nur, dass der Sport tatsächlich laut und bunt ist, lauter und bunter, als jedem bewusst war. Er passte irgendwie nicht zu den Bildern von New York.

Ein Tag später reagierte die UEFA, sagte die Mittwochsspiele und den UEFA-Pokal für Donnerstag ab. Kommunikations-Direktor Mike Lee erklärte: »Das Ausmaß der Tragödie hat sich am Dienstag erst am späteren Nachmittag abgezeichnet, da wurde in Moskau schon gespielt (Lokomotive Moskau gegen RSC Anderlecht), und ein Großteil der Fans wartete in den sieben anderen Stadien auf Einlass. Wir haben jetzt die Dimension der Katastrophe besser ermessen können und darum noch einmal gründlich über unsere Konsequenz daraus nachdenken können.«

Der Denkprozess wurde auch auf Druck von außen angeschoben. Nicht nur Politiker (»Die Umstände waren ungeeignet für Sportveranstaltungen«, so Italiens Regierungschef Silvio Berlusconi), auch die beteiligten Mannschaften meldeten sich zu Wort. FC Bayerns Manager Uli Hoeneß sagte: »Das ist das einzig Richtige, was man in dieser Situation tun kann. Wir haben deutlich gesagt, dass wir nicht spielen wollen. Es war unser ausdrücklicher Wunsch. Man muss über einiges nachdenken.« Auch die Münchner waren bereits im Trainingslager von Rotterdam, wo sie gegen Feyenoord antreten sollten und mussten unverrichteter Dinge (und ohne Spiel) zurück nach München fliegen.

Bremens Nationalspieler Marco Bode zeigt mit seiner Werder-Mannschaft während des Bundesligaspiels gegen den 1. FC Köln seine Meinung. Nach dem Spiel werden die Trikots versteigert. Der Erlös geht an die Angehörigen der in New York ums Leben gekommenen Feuerwehrmänner.

Schnell stellte sich die Frage nach sportlichem Fairplay in politischen Ausnahmesituationen. Was kann der Sport überhaupt leisten? Sind Spieler ignorant, die ihre Schuhe schnüren und sagen: »Ich lass mich nicht unterkriegen«? Kuschen die vor dem Terror, die lieber eine Auszeit nehmen?

Wir wollen hier nicht Urteile fällen über den Grad der Betroffenheit eines jeden einzelnen Sportlers. Menschliche Anteilnahme zeigt sich in verschiedensten Formen. Liegt diese Toleranz zugrunde, wird deutlich, wie schwer es ist, über die Angemessenheit zu diskutieren.

Sport ist Unterhaltung, Sport ist Spaß, ist Heiterkeit. Jetzt gab es eine Katastrophe, die jeden beschäftigte. Emotionen waren mit Trauer besetzt. Aber ist nicht gerade auch der Sport ein Allheilmittel, der schwere Gedanken durch seine Leichtigkeit zu zerstreuen vermag? Sehnt sich nicht jeder in schweren Momenten nach ein bisschen gedankenlosem Raum? Gerade in solchen Situationen gibt es mehr Fragen als Antworten.

Sport ist die »schönste Nebensache der Welt«. Sport ist Emotion. Sport ist Unterhaltung. Sport ist Freizeit, Ablenkung, Zerstreuung. Also hat er auch in so schwierigen Situationen die Aufgabe der Ablenkung, der Zerstreuung. Wo aber liegt das richtige Maß?

In Deutschland fielen Veranstaltungen im Triathlon, Basketball, Biathlon oder Galopp aus. Die Golfer sagten ihre PGA-Tour fürs Wochenende ab. Außerdem verschoben sie den Ryder-Cup, bei dem die besten Golfer Europas gegen die aus Amerika spielen, um ein ganzes Jahr. »Die Entscheidung, das Spiel zu verschieben, war angesichts der Situation sehr angebracht«, sagte der amerikanische Ryder-Cup-Kapitän Curtis Strange. Die amerikanische National Football League (NFL) sowie die Baseball League sagten ebenfalls ihre Spiele ab. Die Volleyball-Europameisterschaft hingegen fand statt. Der Sport dehnte sich für den Spagat.

Am Wochenende nach dem schrecklichen Dienstag, den »keiner in den nächsten Jahren vergessen kann« (Uli Hoeneß), stand die Fußball-Bundesliga im Blickpunkt. Erstmals wurde diskutiert, einen kompletten Spieltag abzusetzen. Eine lange, hitzige, zweischneidige Diskussion.

Hans Joachim Dom, Pfarrer auf Schalke, sagte: »Ich weiß nur eins. Wir kommen aus dem Alltag und wir müssen auch wieder in den Alltag zurückfinden. Bei aller Bestürzung. Vielleicht ist so ein Fußballspiel für manch einen sogar eine Chance.« Aber er sagte auch: »Jungs wie der Torwart Oliver Reck, der Kinder hat, der reflektiert in so einer Situation sehr genau, wie kurz das Leben sein kann. Und er hat natürlich Ängste. Kein Spieler wird frei im Kopf sein, wenn das Spiel Schalke gegen Dortmund an diesem Samstag angepfiffen wird.«

Schalke gegen Dortmund, der ewige Revierschlager. Rudi Assauer hatte sich vorgenommen, kräftig auszuteilen, die alte Rivalität zu schüren. Nun aber verzichtete er auf jegliche Attacke. Und Herthas Trainer Jürgen Röber stellte die rhetorische Frage: »Was soll ich nur in der Spielersitzung sagen? Soll ich etwa auffordern, aggressiv in die Zweikämpfe zu gehen?« Cottbus-Stürmer Topic, der die Kriegswirren im Balkan miterleben musste, sagte ehrlich: »Ich weiß nicht, ob ich spielen kann ...«

Es wurde angepfiffen »zum traurigsten Sportwochenende aller

Zeiten« *(Bild am Sonntag)*. Die Frage, ob kommerzielle Gründe wie der Ausfall der TV-Gelder eine Rolle gespielt hatten, wurde von der Liga-Führung verneint. Die Frage wie Oliver Reck und seine Kollegen alles verarbeiteten, lässt sich wohl nicht beantworten.

DFL-Direktor Wilfried Straub erklärte: »Der gesamte deutsche Fußball und seine Fans trauern mit den Angehörigen der Opfer des Terroranschlags vom vergangenen Dienstag. Unsere ungeteilte Solidarität gehört in diesen schweren Stunden dem amerikanischen Volk. Diese Spiele finden statt, um zu demonstrieren, dass wir Terror verabscheuen.«

Das Rahmenprogramm wurde in allen Stadien gestrichen, eine Gedenkminute ausgerufen. Werder Bremen, das ohne Brust-Werbung in die Saison gestartet war, trug Anti-Terror-Parolen auf den Trikots. Der FC Bayern bat alle seine Banden-Werbepartner, auf ihre Kaufsignale diesmal zu verzichten. Statt dessen prangte überall der Schriftzug »Give peace a chance« – gib Frieden eine Chance – im Münchner Olympiastadion. Dazu wurde von allen Spielern vorm Anpfiff ein Kreis um den Mittelpunkt gebildet, um Hand in Hand den Opfern in New York und Washington zu gedenken. Während des Spiels trugen alle eine Trauerbinde, sogar die Schiedsrichter. Trotzdem blieb die Entscheidung, diesen sechsten Bundesliga-Spieltag durchzuführen, umstritten.

Vor den Bundesligaspielen am 15. September werden in allen Stadien Gedenkminuten für die Terror-Opfer abgehalten. Die Meinungen gehen auseinander »Erst an den Händen fassen und sich danach in die Knochen treten, das ist doch Heuchelei«, meint Dortmunds Torhüter Jens Lehmann.

Und die Meinungen waren unterschiedlich:

»Ich kann nicht über ein Tor jubeln.« Schalke-Profi Andreas Möller.

»Ich gehe mit normalen Gefühlen ins Spiel. Warum soll ich über ein Tor nicht jubeln?« Arie van Lent. Der Gladbacher machte in der achten Minute das erste Tor des Spieltages gegen den HSV. Er jubelte nicht.

»Ich kann nicht von einer Minute auf die andere sagen, jetzt legen wir den Hebel um, ab jetzt ist wieder Fußball. Fußball soll ja Unterhaltung sein. Doch so macht Fußball keinen Spaß. Aber wir müssen uns dem Votum der Liga beugen.« Schalke-Manager Rudi Assauer.

»Wann hätten wir denn wieder anfangen sollen? Nächste Woche, in zwei Wochen, in sechs Wochen? Ich höre nicht auf zu trauern, wenn ich Fußball spiele. Das wäre nur fishing for compliments. Die Trauer muss in mir sein. Für immer.« Bayerns Manager Uli Hoeneß.

»Eine Schweigeminute, in der man darüber nachdenkt, was in New York und Washington passiert ist und was man selbst beitragen kann, um so etwas zu verhindern und Leid zu mildern, ist angemessen. Das ist Solidarität in ausreichender Form.« Dortmunds Manager Michael Meyer.

»Man hätte den Spieltag absagen müssen. Erst an den Händen fassen und sich danach in die Knochen treten, das ist doch Heuchelei.« Dortmunds Torwart Jens Lehmann.

»Mit einer Minute, die wir rumstehen, ist es nicht getan.« Kölns Kapitän Dirk Lottner.

Liga-Präsident Werner Hackmann sagte: »Unsere Aktionen waren mindestens der Versuch, zur Normalität zurückzukehren.«

Doch der vielleicht umstrittenste Spieltag der Bundesliga-Geschichte endete versöhnlich. Giovane Elber, brasilianischer Stürmer in Diensten des Rekordmeisters Bayern München, symbolisierte eine Friedenstaube, nachdem er in letzter Minute den Siegtreffer zum 1:0 gegen Freiburg erzielt hatte. Eine Geste, die zum Symbol eines Spieltags wurde, bei dem sonst keine sportlichen Schlagzeilen zählten.

Vor dem Großen Preis der USA am 30. September 2001 auf dem Indianapolis Motor Speedway: Stellvertretend für alle Fahrer überreichen die Formel-1-Piloten Michael Schumacher, David Coulthard (v.l.) und Jarno Trulli (r.) Renndirektor Tony George Teile ihrer Ausrüstung. Kleidungsstücke aller Fahrer sollen zugunsten von Kindern der Terroropfer versteigert werden.

Die Formel 1 sollte bei ihrem WM-Lauf in Monza Normalität demonstrieren. »Buisness as usual« (Geschäfte wie üblich), ordnete Formel-1-Chef Bernie Ecclestone an. Die Bedenken der Fahrer (»Das ist unverantwortlich«, so Ralf Schumacher) wischte er mit einer Handbewegung vom Tisch. Ein Spektakel sollte es werden, größer, besser, attraktiver als je zuvor.

Christian Eichler schrieb in der *Süddeutschen Zeitung*: »Der Sport nach dem Desaster, das ist auch eine Chance, die Perspektive zurechtzurücken. Ihn nicht wieder zum maßlosen Spektakel aufzuspielen, sondern das Fabelhafte und Fade, das er zu bieten hat, klar und nüchtern darzustellen.«

Als in diesen Tagen von Zurücknahme des Sports und Anteilnahme gesprochen wurde, hatten die Verantwortlichen der Formel 1 Watte im Ohr. Selbst als die Nachricht vom Lausitzring Italien erreichte, hielten sie nicht inne. Der ehemalige Formel-1-Pilot Alessandro Zanardi hatte beim Debüt der Champ-Car-Serie bei einem schweren Unfall beide Beine verloren, schwebte in Lebensgefahr. Auch mit dieser Meldung ließen die FIA-Bosse ihre Piloten alleine. »Auch wenn vielen Fahrern in Monza das Blut in den Adern erstarrte – aus der eiskalten Chefetage kamen nur dürre Worte« *(Süddeutsche Zeitung)*.

Weltmeister Michael Schumacher, Sprecher der Fahrergemeinschaft, wollte das so nicht akzeptieren. Vor dem Start eilte er von Fahrer zu Fahrer und bat um ein Überholverbot bei den ersten beiden Schikanen. Er wollte die Unfallgefahr minimieren, als ihn die Rennleitung zurückpfiff. »Funktionieren und attackieren wie immer. Wenn nicht, sucht euch einen neuen Arbeitgeber«, riet Benetton-Chef Flavio Briatore seinen Fahrern. Und Bernie Ecclestone setzte nach: »Noch ist Schumacher nicht Weltmeister.« Im Klartext: Sollte er weiter so eigenmächtig handeln, könnte man ihm die Punkte, die er bisher für seinen Weltmeistertitel eingefahren hatte, wieder abnehmen. »Dabei sind es nicht die Siege, an denen ein Mensch wächst«, schrieb Eva Simeoni in der *Frankfurter Allgemeinen Zeitung*.

Ferrari versuchte mit einer schwarz lackierten Rennauto-Schnauze und dem Verzicht auf Werbung der Ohnmacht gegenüber der FIA zu trotzen. Jordan hatte die Karosserien mit der Amerika-Flagge versehen, Jaguar hatte die Lufthutzen schwarz lackiert. Nach dem Rennen sagte BMW-Direktor Gerhard Berger: »Das Rennen ist so unwichtig wie nur was.«

Taten und Worte, die Ecclestone und seine Mitläufer nicht erreichten. Sie waren schon mit der Planung für das Rennen in zwei Wochen in Indianapolis (USA) beschäftigt. Obwohl der Luftraum noch zum Großteil gesperrt war.

Manche waren einfach nicht fähig, das zu leisten, wozu der Sport fähig gewesen wäre. Sicher geht das Leben und der Sport weiter, aber vier Tage nach dem Terroranschlag sollte Zeit sein, sich über das »Wie« Gedanken zu machen. Die italienische Zeitung *Corriere dello Sport* titelte: »Wir weinen noch. Mit Tränen in den Augen kann man nicht gut fahren.« Michael Schumacher wurde Vierter.

Der Sport in Zeiten von Terror, von Angst und Schreckensbildern, die um die Welt gehen. Hier fällt es auch ihm schwer, seiner sozialen Aufgabe nachzukommen. Und doch schafft er es mit kleinen und großen Gesten, Ängste abzubauen. Fairplay wird auch in solchen vorgelebt – im Sport mehr als anderswo.

Register